Das Jahr, als ich
anfing, Dudelsack
zu spielen

TANJA KÖHLER

Das Jahr, als ich anfing, Dudelsack zu spielen

EINE ANLEITUNG ZUR VERÄNDERUNG IN DER MITTE DES LEBENS

Dieses Buch wurde klimaneutral produziert:

ClimatePartner °
klimaneutral
Druck | ID: 11244-1604-1002

Bibliografische Information der Deutschen Nationalbibliothek
Die Deutsche Nationalbibliothek verzeichnet diese Publikation in
der Deutschen Nationalbibliografie; detaillierte bibliografische
Daten sind im Internet über http://dnb.d-nb.de abrufbar.

Das Werk einschließlich aller seiner Teile ist urheberrechtlich geschützt.
Jede Verwertung ist ohne Zustimmung des Verlages unzulässig. Das gilt
insbesondere für Vervielfältigungen, Übersetzungen, Mikroverfilmungen
und die Einspeicherung und Verarbeitung in elektronischen Systemen.

Copyright © 2016 Murmann Publishers GmbH, Hamburg

Covergestaltung: Natalie Hanke
Illustrationen: Judith Hilgenstöhler
Druck und Bindung: Steinmeier GmbH & Co. KG, Deiningen
Printed in Germany

ISBN 978-3-86774-552-9

Besuchen Sie uns im Internet: www.murmann-publishers.de
Ihre Meinung zu diesem Buch interessiert uns!
Zuschriften bitte an **info@murmann-publishers.de**
Den Newsletter des Murmann Verlages können Sie anfordern unter
newsletter@murmann-publishers.de

INHALTSVERZEICHNIS

Kapitel 1
7 IN BEWEGUNG KOMMEN.
NEUES BEGINNEN. EINEN ANFANG MACHEN.

Kapitel 2
27 VERÄNDERUNGEN VERSTEHEN.
DUDELSACK LERNEN – EINE WISSENSCHAFT
FÜR SICH!

Kapitel 3
65 D WIE DRINGLICHKEIT SPÜREN.
WARUM MAN DEN DUDELSACK ZUM
ERZÄHLEN BRINGEN SOLL!

Kapitel 4
125 Z WIE ZIELE KLÄREN.
WARUM NICHT JEDES LIED AUF EINEM
DUDELSACK SPIELBAR IST!

Kapitel 5
183 U WIE UMSETZUNG.
WARUM JEDER SCHOTTISCHE CLAN NUR
EINEN WAHLSPRUCH KENNT.

Epilog
209 BILANZ ZIEHEN.

Anhang
215 GUT GEKLEIDET – GUT GERÜSTET.
WIE DER DUDELSACK BESSER WIRKEN KANN.

Kapitel 1

IN BEWEGUNG KOMMEN.
NEUES BEGINNEN.
EINEN ANFANG MACHEN.

»Dudelsack zu spielen ist für mich ein Lebensgefühl, ein Sinnbild. Es steht für die Freiheit, jederzeit das tun zu können, was ich möchte. Und es auch zu tun.«

»… Du machst waaaas?«
»Ich lerne Dudelsack.«
»Wie kommst du denn auf dieeee Idee?«
»Es ist keine Idee. Es ist ein Wunsch. Ein Wunsch, den ich mir erfülle und den ich schon lange in mir trage. Schon sehr lange. Vielleicht schon seit Kindheitstagen.«
Wenn ich erzähle, dass ich Dudelsack lerne, dann schaue ich den Menschen in die Augen. In ihnen kann ich es sehen: Verwunderung. Aber auch ehrliches Interesse. Und ein Gefühl, was ich zwischen Sehnsucht und Neid verorte. Neid nicht im Sinne von Missgunst, sondern ein positiver Neid. Eher im Sinne von Sehnsucht und Respekt. Respekt vor meinem Tun und Sehnsucht nach der Umsetzung eines eigenen Wunsches.

»Ja! Und ich spiele nicht irgendeinen Dudelsack. Sondern ich spiele ›The Great Highland Bagpipe‹ – den großen schottischen Highland-Dudelsack. Den, den man aus Filmen kennt!«

Nach diesen Worten bin zumindest ich vollkommen begeistert. Begeistert nicht nur für das Instrument, sondern auch von mir selbst. Begeistert davon, dass ich es tue: Dudelsack spielen. Am liebsten würde ich ihn dann rausziehen und loslegen. Das geht aber leider nicht, weil ich ihn auf meinen vielen Geschäftsreisen nie dabei habe. Da würde ich von jedem Hotel eine hochrote Karte angezeigt bekommen. Stellen Sie sich nur vor: Sie liegen entspannt in Ihrem Hotelzimmer und plötzlich ertönt aus dem Zimmer nebenan ein ohrenbetäubender Lärm. Die EU erwägt nicht aus Jux und Tollerei die Einführung einer Gehörschutzpflicht für professionelle Dudelsackspieler. 120 Dezibel sind schon gewaltig. Vor allem, wenn man nicht mit ihnen rechnet.

»Und seit wann spielst du Dudelsack?« Ich zögere, weil ich etwas verberge, mich schäme. Meine offizielle Antwort lautet: »Ich nehme seit Januar 2015 Unterricht.« Reaktion: »Ist ja cool!« Oft plätschert das Gespräch dann aus. Was würde wohl passieren, wenn ich die wahre Antwort geben würde? »Seit einem denkwürdigen Moment in Schottland und einem Blick auf einen Zollstock.«

Ich gebe zu, es ist mir peinlich, darüber zu schreiben, denn irgendwie ist es »spooky« – unheimlich. Es passt nicht zur seriösen Unternehmensberaterin und Vortragsrednerin. Es passt aber vielleicht zu mir. Zu der Tanja.

Wir waren im April 2014 mit Freunden in Schottland. Ein Urlaub mit Uraltfreunden aus Kindheitstagen. Am zweiten Tag besichtigten wir das William Wallace Monument in der Nähe von Stirling. Den Ort, an welchem der schottische Freiheitskämpfer William Wallace mit seinen Highlandern die englischen Soldaten erfolgreich in die Flucht geschlagen hat. Diese Schlacht ist die historische Vorlage für den Film *Braveheart* mit Mel Gibson in der Hauptrolle. Ich weiß noch gut, dass ich 1995 Rotz und Wasser geheult habe, als der Film in die Kinos kam.

Direkt neben dem William Wallace Monument steht ein Gedenkstein. Darauf zu sehen ist ein Schwert, das im Boden steckt. Während meine Freunde Fotos von der Aussicht machten, ging ich zu diesem Stein hin. Und dann kam er, der Moment. Und er hört sich wahrlich ziemlich unwirklich an. Ich schaute diesen Stein an und hatte plötzlich das Gefühl, dass ich zu einer anderen Zeit schon mal hier gewesen bin. Ich sah das richtige Schwert im Boden stecken. Und ich hörte einen Dudelsack. Mehr nicht.

Ich nenne diesen Moment seitdem den denkwürdigen Moment. Denkwürdig im Sinne von *wert*, auf einer anderen, tieferen Ebene darüber nachzudenken und eine Antwort zu finden. Eine Antwort, die mich in Bewegung bringt.

Dieser denkwürdige Moment in Schottland war der Anstoß, der Impuls für mich, etwas Neues in meinem Leben zu machen. Auf den ersten Blick nichts wirklich Großes. Eben nur: Dudelsack spielen.

Nun ist es heraus. Und es fühlt sich gar nicht so peinlich an, wie ich gedacht habe. Und ja!, wenn mir zuvor jemand von einem solchen Gefühl berichtet hätte, so hätte ich diese Person sicherlich mit einem freundlichen, aber durchaus skeptisch-abwertenden Aha! in die Esoterikecke gesteckt.

Und nein!, Sie müssen nun keine Angst haben, dass dieses Buch Sie in diese Gefahr bringen wird.

Es gibt viele denkwürdige Momente in unserem Leben. Manchmal ist es eine solche Begebenheit. Manchmal ist es eine beiläufige Bemerkung oder eine einzige richtige Frage, die einem mehr oder weniger zufällig gestellt wird. Das, was sie von anderen Augenblicken in unserem Leben unterscheidet, ist, dass sie uns dazu bringen, etwas Neues zu beginnen. In Bewegung zu kommen.

Ein ganz normaler Zollstock oder die Frage »Ist es zu spät? Bin ich zu alt, um Dudelsack zu lernen?«.

Ein schottisches Sprichwort
Sieben Jahre. Die Schotten sagen, es dauert sieben Jahre, bis man den Dudelsack spielen kann. Und nach sieben Jahren steht man dann am Anfang.

Höchstwahrscheinlich werde ich in meinem Leben nie eine begnadete Dudelsackspielerin werden. Und ich werde erst recht nicht beim legendären Edinburgh Military Tattoo mitwirken. Lassen Sie sich von dem Wort nicht verunsichern. Es handelt sich nicht um eine Massentätowierung in der schottischen Hauptstadt. Mich persönlich hat das Wort Tattoo am Anfang auch irritiert. Warum? Tatsächlich sind die meisten Dudelsackspieler, die ich bis dato kennengelernt habe beziehungsweise beobachten konnte, reichlich tätowiert. Aber keine Sorge. Tattoo bedeutet lediglich Musikschau. Gut möglich, dass wir den Begriff in den 1980er-Jahren irgendwann mal in der Schule im Englischunterricht hatten. Aber das ist lange her und hatte für mich damals keinerlei Bedeutung. Vergessen also erlaubt. Wie so vieles, was damals gelehrt wurde.

Einmal im Jahr, immer im August, findet in Edinburgh das größte schottische Musikfestival statt. Der Platz direkt vor Edinburgh Castle verwandelt sich dann in eine riesige Bühne für mehr als 1000 Musiker und Tänzer und für über 8500 Zuschauer. Die Stadt ist erfüllt von den Klängen Hunderter Bagpipes. Wer das live miterleben darf, dem ist Gänsehaut gewiss.

Um in dieser Liga Dudelsack mitzuspielen – okay –, dafür bin ich sicherlich zu alt. So gut und so präzise werde ich nie spielen können. Aber für mich – für mich ganz allein –, für mich kann ich es tun. Für mich bin ich nicht zu alt.

Gefühlsmäßig stehe ich derzeit in der Mitte meines Lebens. Während ich diese Zeilen schreibe, bin ich 47. Geboren 1968. Auch wenn ich erst zum Ende der geburtenstarken Jahrgänge auf die Welt kam, so gehöre ich doch noch zur sogenannten Generation der Babyboomer.

47! Das Bergfest habe ich schon hinter mir. Deutlich sogar. Zumindest wenn es nach dem Statistischen Bundesamt in Wiesbaden geht. Dort werden Jahr für Jahr Daten und Fakten rund um die Entwicklung der deutschen Bevölkerung herausgegeben. Männer in Deutschland haben statistisch gesehen eine Lebenserwartung von durchschnittlich 78 Jahren. Wir Frauen immerhin vier Jahre mehr: 82.

Eine Frage, die ich dem Publikum bei meinen Vorträgen stelle, lautet: »Wenn man einen Zollstock öffnet und insgesamt vier Elemente vor sich liegen hat, welche Zentimeterzahl steht dann da?« Wenn ich diese Frage zum ersten Mal stelle, sehe ich in viele irritierte Gesichter. Was soll diese Frage? Was hat sie mit dem heutigen Thema »Veränderungen« zu tun? Ich stelle die Frage dann ein zweites Mal. Und jetzt sehe ich, wie sich die Menschen über das innere Auge einen Zollstock vorstellen und Element für Element aufklappen. Oft mit den entsprechenden Handbewegungen. Klapp – klapp – klapp. Und dann kommen die ersten Zurufe. 60 Zentimeter! 100 Zentimeter! 80 Zentimeter! Und irgendwann ist sie dabei. Die richtige Antwort. Hätten Sie es gewusst? Sie lautet 82.

Da ist sie wieder, die Zahl: 82. Eine denkwürdige Zahl, wie ich finde. Lassen Sie uns dazu eine kurze Übung machen. Legen Sie für einen Moment dieses Buch zur Seite und holen Sie sich bitte einen Zollstock. Wenn Sie gerade unterwegs sind und keinen zur Hand haben, holen Sie diese Übung einfach später nach.

Legen Sie nun den Meterstab vor sich hin und klappen Sie ihn bitte so auf, dass vier Elemente vor Ihnen liegen. Im linken Blickfeld die null – im rechten die 82 Zentimeter. Sie entsprechen 82 Lebensjahren. Wie gesagt: ein statistischer Mittelwert.

Legen Sie nun Ihren linken Zeigefinger auf die Zahl, die Ihrem jetzigen Alter entspricht. Nehmen Sie sich Zeit für einen Blick zurück. Wie viel Zeit ist schon vergangen? Was alles ist in Ihrem Leben schon passiert? Von wann bis wann gingen Sie in die Schule? Was waren besonders schöne Momente und wann waren diese auf der Zeitachse? Und wie alt waren Sie bei besonders traurigen Anlässen?

Und nun der Blick nach vorne, in die Zukunft: Wie viel liegt noch vor Ihnen? Was wird noch geschehen? Was soll alles noch geschehen? Welche Dinge wollen Sie während Ihrer aktiven Berufszeit anpacken, welche haben Zeit bis zur Rente?

Apropos Rente: Lassen Sie bitte den linken Zeigefinger auf Ihrer Alterszahl liegen und legen Sie Ihren rechten Zeigefinger auf die Zahl, bei welcher Sie in den Ruhestand gehen wollen beziehungsweise sollen. Ich wiederhole jetzt einfach meine Frage von eben: Welche Dinge wollen Sie noch während Ihrer aktiven Berufszeit anpacken? Reicht die Zeit? Oder müssen Sie bald loslegen, wenn's bis zur Rente noch klappen soll?

Wenn heute mein letzter Tag wäre, würde ich dann noch Dudelsack lernen wollen?

82 beziehungsweise 78. Was wäre, wenn die statistische Alterserwartung auf Sie gar nicht zutrifft? Wenn Sie nicht so alt wie der Durchschnitt werden? Was wäre, wenn zum Beispiel morgen Ihr letzter Tag wäre?

Meine Vortragskollegin Ulrike Scheuermann bringt in ihrem Buch den Leser dazu, diesen unfassbaren Gedanken konsequent weiterzudenken. Würde ich – Tanja Köhler – dann noch anfangen, Dudelsack zu spielen? Ich weiß es ehrlich gesagt nicht. Ich möchte mir meinen eigenen Tod auch nur widerstrebend vorstellen. Aber wenn ich mich doch trauen würde, ihn anzudenken, könnte es sein, dass ich zumindest ein einziges Mal in meinem Leben den Brummbass der drei Bordunpfeifen des Dudelsacks zum Erklingen bringen möchte.

Definitiv angenehmer ist die andere Denkrichtung, die Richtung »langes Leben«. Denn ich persönlich bin felsenfest davon überzeugt, dass ich älter als 82 werde. Deutlich älter. Schließlich ist meine Oma auch 96 Jahre alt geworden. Wieso sollte es bei mir anders sein?

Selbst als Psychologin unterliege ich mit dieser Denkweise einem häufig auftretenden Denkfehler: der sogenannten »kognitiven Dissonanz«. Bedeutet: Wir Menschen reden uns gerne die statistischen Tatsachen schön. Als Gegenbeweis führen wir dann einen, maximal zwei Präzedenzfälle auf. Wir ahnen zwar, dass diese Beispiele eher die Ausnahme als die Regel sind, aber das ist uns tatsächlich mehr oder weniger egal. Die Gegenbeispiele sind in ihrer Wirkung nämlich mächtiger, viel mächtiger sogar. Und so wischen wir die wahrgenommenen Unstimmigkeiten in unserem Kopf einfach so weg, als ob sie kleine Brotkrümel auf unserem Frühstückstisch wären.

Ich weiß also, dass ich 96 Jahre alt werde. Mindestens! Genügend Zeit, um das Dudelsackspiel so richtig zu erlernen. Und wer weiß? Vielleicht stehe ich eines Tages beim Edinburgh Military Tattoo auf der Esplanade vor Edinburgh Castle und spiele auf meiner Great Highland Bagpipe »Scotland the Brave« – die bekannteste der drei inoffiziellen schottischen Nationalhymnen.

Oder sogar das bekannte »Highland Cathedral«, selbstverständlich nur als Solo-Piperin. Unrealistisch? Egal! Ich unterliege gerne diesem Denkfehler. Er tut mir gut. Mir gefällt der Gedanke, dass ich noch viel Zeit zur Verfügung habe. Zeit, alle die Dinge zu machen, die ich in meinem Leben noch machen möchte. Und wissen Sie, was ich richtig cool fände? Wenn Sie im Publikum sitzen würden, währenddessen Sie gerade Ihren lang gehegten Traum eines Schottlandurlaubs verwirklichen!

Ein Gespür für die Zeit bekommen. Wenn nicht jetzt, wann dann?

In Bewegung kommen
Gezielte Fingerübungen verhelfen dem Dudelsackspieler, die nötige Beweglichkeit, Kraft und Koordination der Finger zu entwickeln. Nur mit geübten Fingern lassen sich die Stücke schön spielen.

Ich brauche nicht zu erwähnen, dass es gut ist, dass wir nicht wissen, wann wir sterben werden. Dieses Wissen braucht kein Mensch. Zumindest keiner, der normal tickt. Aber wir tun gut daran, uns die statistischen Zahlen und typischen Denkfehler bewusst zu machen, damit wir ein Gefühl dafür bekommen, wie viel Zeit uns potenziell noch zur Verfügung steht.

Wenn ich das Zollstockexperiment mit jungen Menschen mache, freuen sich diese stets über den noch unverbrauchten Zeitstrahl. Bei solchen Langzeitaussichten kann schon mal bei dem einen oder der anderen die Orientierung verloren gehen. Die Vorstellungskraft für die vor einem liegende Zeit fehlt. Das war bei uns, als wir jung waren, nicht anders. Doch auch bei jungen Menschen gelingt das Zollstockexperiment.

In einem meiner Vorträge in der Berliner Kalkscheune fragte ich eine junge Frau, wie alt sie sei. 23! Ich fragte sie, was sie in ihrem Leben gerne so machen möchte. Ihre Antwort: »Auf jeden Fall für eine längere Zeit ins Ausland gehen! Und einen guten Abschluss im Studium. Und Kinder und Familie möchte ich auch!« Ich fragte sie, ob sie bei Letzterem eine innerliche Zahl verspürt, bis wann sie gerne ein Kind hätte. Ihre Antwort nach kurzer Überlegung: »So mit 27 Jahren!« Wir schauten wieder auf den Zollstock. Ihr Zeigefinger lag ruhig auf ihrer Alterszahl 23. Ich bat sie, ihren anderen Zeigefinger auf die 27 zu legen. Überrascht schaute sie auf die kurze Zeitspanne, die ihr nur noch zur Verfügung stand, um ins Ausland zu gehen und ihr Studium fertig zu machen. Sie schaute mich an und meinte: »Hmmm ... dann muss ich mich wohl langsam an die Planung für Amerika machen!« Was die junge Frau tatsächlich daraufhin gemacht hat, entzieht sich meiner Kenntnis. Aber sie hat sicherlich ein Gespür für die verfügbare Zeit bekommen.

Junge Menschen legen beim Zollstockexperiment den Zeigefinger frisch und frech auf ihre Alterszahl. Zielgerichtet. Sich ihrer Jugend bewusst. Bei uns Älteren hingegen beobachte ich in den allermeisten Fällen eine kreisende Fingerbewegung. Als ob unser Finger ein Rotorblatt eines Hubschraubers wäre. Wenn die entsprechende Alterszahl dann entdeckt wird, »ditscht« bei vielen der Zeigefinger nur einmal kurz auf dem Zollstock auf, um unverzüglich wieder in die Luft zu gehen. Zollstöcke können scheinbar ziemlich heiß sein! Einige Zeigefinger weigern sich sogar, zu landen. Könnte es sein, dass einige von uns die Tatsache wegleugnen wollen, dass wir nun auch zu den Älteren gehören? Auch wenn wir uns ganz und gar nicht so fühlen. Ich glaube, keine Generation vor uns hat sich wirklich alt gefühlt. Es ist die Arroganz der Jugend, dies zu denken.

Was ist Ihr Dudelsack?

Erinnern Sie sich, wie es bei Ihnen war? Als Sie selbst jung waren? Egal ob zehn, 13 oder 15 Jahre alt. Wie wurde in Ihrer Familie damit umgegangen, wenn Sie mit strahlenden Augen von Ihren Zukunftswünschen berichtet haben? Haben sich Ihre Eltern begeistert Ihre Pläne angehört und gemeinsam mit Ihnen an Ihren Träumen gearbeitet? Oder hat sich eine gut gemeinte Hand auf Ihre Schultern gelegt und gesagt: »Dafür hast du noch viel, viel Zeit! Du hast das ganze Leben vor dir! Wer weiß, was bis dahin ist! Jetzt mach erst mal … und dann sehen wir weiter.«

Ich kann mich zwar nicht mehr genau erinnern, aber ich bin mir fast sicher, dass meine Eltern eher zur letzten Version tendierten: »Wer weiß, was bis dahin ist …« Diese Worte waren bestimmt nicht böse gemeint und für Ende der 1970er/Anfang der 1980er nur logisch. Von Megatrends und gesellschaftlichen Zukunftsthemen war damals keine Rede – zumindest bei uns zu Hause nicht. Internet konnte sich ebenso noch niemand vorstellen, obwohl Serien wie »Raumschiff Enterprise« schon frühzeitig auf diese Entwicklung hinwiesen.

So sehr ich mich auch anstrenge, ich bekomme nur noch einen vagen Zugang zu meinen Jugendträumen, Wünschen und Sehnsüchten. Wie sieht es bei Ihnen aus? Wissen Sie noch, was Sie damals machen wollten, wenn Sie mal »erwachsen« wären? Ich glaube, dass es nicht nur mir so geht. Wir haben unsere Träume vergessen; das, für was wir früher gebrannt haben und was wir alles so erleben wollten. Ich finde das schade, aber nicht wirklich schlimm. Die Welt ändert sich und vieles im Leben wird vergessen. Das eigentlich Fatale ist, dass der gut gemeinte Satz unserer Eltern oder Lehrer sich zu wiederholen scheint. Im prall gefüllten Kalender zwischen beruflichen und privaten Terminen werden aktuelle Wünsche, Träume und Veränderungsvorhaben auf der Zeitachse nach hinten geschoben. »Dafür habe ich noch viel, viel Zeit … Ich stehe in der Mitte meines Lebens, und das halbe Leben liegt ja noch vor mir!«

Achtung! Denkfehler! Kognitive Dissonanz! Machen wir es uns ruhig noch einmal bewusst. Auch wenn ich 1988 im schriftlichen Matheabitur null Punkte hatte. Für diese Rechnung brauche nicht einmal ich einen Taschenrechner: Die Hälfte von 82 ist 41 und die Hälfte von 78 ist 39. Wir haben also die Mitte unseres Lebens schon deutlich überschritten.

Liegt dann nichts näher, als dass wir endlich beginnen, uns unseren Wunschprojekten zu widmen? Ich meine damit nicht, dass wir gleich alle aus unserem heutigen Leben aussteigen sollen. »Fürs Aussteigen sind wir nämlich scheinbar zu feig!«, sang Peter Cornelius in den frühen 1980ern. Ich gebe zu: Das würde mich persönlich auch überfordern. Darum geht es auch gar nicht. Es geht um die scheinbar kleinen Dinge, die das Leben schön machen. Wie zum Beispiel, den Dudelsack spielen zu lernen.

Was würden Sie gerne tun? Finden Sie so schnell keine Antwort darauf? Dann holen wir einfach eine andere Perspektive herein. Was würde mir Ihr Partner sagen, was Sie gerne machen würden? Oder – noch besser – falls Sie Kinder haben: Was würden mir Ihre Kinder sagen, welche Veränderung Mama oder Papa am liebsten herbeiführen würden?

Vielleicht gibt es auch etwas, mit dem Sie am liebsten aufhören würden? Vor über zehn Jahren habe ich mit einer Berliner Freundin die Zollstockübung gemacht. Sie hatte ein Gewerbe auf Kleinstunternehmerregelung angemeldet. Kommunikationstrainings. Um finanziell über die Runden zu kommen, hatte sie zusätzlich noch drei weitere Jobs. Damals war sie Anfang 30. Verheiratet. Zwei lebende Kinder, ein totes Kind! Wie es dazu kam? Meine Freundin hatte auf dem Weg in die Berliner Charité in der Hektik einen Unfall gebaut. Ihr jüngstes Kind starb dabei. Eigentlich wollte sie mit der Kleinen in die Notaufnahme, weil sie einen schweren Asthmaanfall hatte. Das zusätzlich Tragische dabei: Es ist schon schlimm genug, wenn das eigene Kind stirbt. Aber wenn man auch noch für den Tod des geliebten Kindes von der Justitia verantwortlich gemacht wird, trifft es einen noch härter. Das eigene Schuldempfinden wird von außen bestätigt. Meine Freundin lernte mit dem Tod ihrer Tochter umzugehen. Sie sprach mit Therapeuten und anderen verwaisten Eltern und fand über die Zeit für sich einen Weg, das Geschehene zu akzeptieren und zu verarbeiten.

Ihr Mann ging allerdings anders mit dem Unglück um. Er zog sich zurück, schaute viel fern. Horrorfilme. Obwohl die unterschiedlichen Verarbeitungswege sie voneinander trennten, blieben sie dennoch zusammen. Vereint im Unglück. Und beide litten darunter. Meine Freundin traute sich nicht, sich zu trennen, weil »*man* trennt sich nicht, wenn *man* zwei kleine Kinder und ein totes Kind hat. Dann bleibt *man* erst recht zusammen.« Sie sprach mit mir über ihre Lage. Ich ließ sie den Finger auf den Zollstock legen und fragte sie, wie alt sie sei: 33! Und dann fragte ich sie, was sie glaubt, wie lange ihr Mann braucht, um für sie wieder ein echter Partner sein zu können. Sie fand keine Zahl. Und dann fragte ich sie, wie lange sie noch vorhat, in dieser Situation weiter zu leiden. Zwei Wochen später trennte sie sich.

Nicht immer ist es – wie in der Situation meiner Freundin – so klar, welche Veränderung eigentlich ansteht, damit es weitergeht. Damals löste die Veränderung durch die Trennung ein Erdbeben aus. Die Erschütterungen waren überall deutlich spürbar und hatten zum Teil massive Auswirkungen auf alle Lebensbereiche. Auch beruflich. Es kam zuerst zu einer Verschlimmerung der gesplitteten Arbeitssituation. Aber alles, was erschüttert wird, lockert an anderer Stelle wieder auf und fördert Ungeahntes zutage. Und so kam die Möglichkeit, sich neu zu sortieren und zu entwickeln.

Meine Freundin führt heute erfolgreich ein kleines Coaching-Institut und hat insgesamt fünf Mitarbeiterinnen, Tendenz wachsend. Zudem gibt es seit einiger Zeit einen neuen Lebenspartner an ihrer Seite.

Wenn sich der Nebel lichtet, um was geht es dann? Ist der Dudelsack ein Dudelsack?

»Schottland – das Land der Schafe, des Whiskys und der Dudelsäcke. Und freilich auch des Nebels. Kaum ein anderes Land wird mehr mit Nebel in Verbindung gebracht als Schottland. Es gibt ihn zu jeder Jahreszeit. Oft undurchdringlich wie eine fette Sahnesuppe. Im Nebel kann man nicht ausmachen, woher die Klänge eines Dudelsacks kommen. Sie hören sich aber Furcht einflößend an, wenn man nicht darauf vorbereitet ist. Das war Teil der Kriegsstrategie der Highlander. Die Feinde sollten Angst haben. Sich nicht trauen, auch nur einen einzigen Schritt weiterzugehen. Wenn sich der Nebel in Schottland jedoch lichtet, so wird der Blick auf zum Teil unglaublich bizarre Landschaften frei. Und dann spürt man, wo man sich wirklich befindet.«

Den Dudelsack zu erlernen bedeutet für mich nicht, einfach ein Instrument zu spielen. Würde es mir lediglich darum gehen, hätte ich wieder mit Klavier oder Gitarre begonnen. Ein Privileg der Babyboomer war es, dass wir in unserer Jugend fast alle ein oder mehrere Instrumente lernen durften. Viele von uns vielleicht – ohne es so gefühlt zu haben – sogar mussten. Ich nenne dieses Phänomen »Instrumenten-Delegation«: Weil unsere Eltern in den entbehrungsreichen Zeiten des Zweiten Weltkriegs selbst keine oder nur wenig Möglichkeit dazu hatten, mussten wir an ihrer Stelle ein Instrument lernen. Schließlich gehörte man nicht mehr zu den armen Schluckern, und zudem wirkte sich das Erlernen eines Instrumentes positiv auf die Entwicklung des Kindes aus.

Klavier oder Gitarre spielen? Ich könnte an bestehende Fähigkeiten anknüpfen, und es wäre günstiger, als den Dudelsack zu erlernen. Deutlich günstiger. Mal abgesehen von den Unterrichtskosten: Ein guter Dudelsack beginnt preislich bei circa 1500 Euro – die Skala nach oben hin ist offen. Meine *Duncan MacRae Blackwood Bagpipe* hat knapp 2000 Euro gekostet. Also warum nicht lieber einfach nur Klavierunterricht nehmen? Mein Jugendklavier steht noch immer bei meinen Eltern im Wohnzimmer; seit dem Ende meiner Klavierkarriere vor über 30 Jahren umfunktioniert zum dekorativen Raumteiler. Oder wieder mit Gitarre starten? Meine Gitarre habe ich zwar vor vielen Jahren verschenkt. Eine neue kostet aber nicht viel und wäre schnell gekauft. Warum also Dudelsack und nicht Klavier oder Gitarre?

Ganz einfach: Anders als der Dudelsack berührten diese Instrumente nie meine Seele. Der Dudelsack bedeutet für mich nicht ein weiteres Instrument. Er steht für mehr. Für sehr viel mehr. Wenn sich der Nebel lichtet, dann ist der Dudelsack für mich ein Lebensgefühl, ein Sinnbild. Er steht für die Freiheit, jederzeit das tun zu können, was ich möchte. Und es auch zu tun. <u>Eine Einladung von mir an mich selbst.</u>

Nebel – im Deutschunterricht haben wir gelernt, dass dieses Wort ein sogenanntes Palindrom ist. Ein Wort, das sich sowohl vorwärts als auch rückwärts lesen lässt. Dann wird aus Nebel Leben.

Nebelbänke sind überall.

»Um was geht es, wenn sich der Nebel lichtet?« Diese Frage leitet mich in meinem Job. Immer. Jeden Tag. Bei jedem Kunden. Dort treffe ich auf viele Nebelbänke. Ich habe sie für mich in zwei Kategorien unterteilt. Die Nebelbänke des Unternehmens und die Nebelbänke der Angestellten in diesem Unternehmen. Ihnen gemeinsam ist, dass sie den Blick auf das, um was es wirklich geht, verschleiern. Im Nebel verhüllen.

Ich begleite Unternehmen in Veränderungsprozessen. Der Großteil meiner Kunden sind mittelständische Familienunternehmen. Meistens inhabergeführt und oft schon an die Nachfolgegeneration übergeben. Zumindest auf dem Papier. Auch das ist Teil des Nebels. Auf diese spezielle Nebelbank treffe ich oft. Sie gehört zur ersten Kategorie.

Ich freue mich, wenn ein Unternehmer seinen Weg zu mir findet. Dann ist die erste Hürde genommen. Bereits bei der ersten Kontaktaufnahme bekomme ich eine Ahnung davon, ob es eher ein klarer oder ein undurchsichtiger Weg mit vielen Nebelfallen werden wird. Meinen persönlichen Beratertrumpf habe ich auf jeden Fall immer in der Tasche: Ich nehme nämlich nicht jeden Auftrag an. Das verschafft zumindest mir die nötige Klarheit. Ohne Klarheit keine Veränderung.

Wenn ich vom Unternehmer Signale spüre, dass er bereit ist, bei sich anzufangen und zu schauen, dann begebe ich mich mit ihm in den Nebel und begleite ihn auf seinem Klärungsweg. Erst später kommen die Führungskräfte. Und noch viel später die Mitarbeiter. Meines Erachtens sind viele Veränderungsprojekte von Beginn an zum Scheitern verurteilt, weil an der falschen Stelle mit dem falschen Augenmerk begonnen wird. Tolle Vorhaben verkommen leider zur Farce.

Meine Haltung ist übrigens immer die der Unwissenden. Ich stelle Fragen. Viele Fragen. Auch vermeintliche Tabufragen. Ein Tabu gibt es bei mir nicht. Um das System wirklich zu verstehen, brauche ich mehr als das, was mir da offensichtlich präsentiert wird. Ich muss die Decke, den Nebel lüften dürfen.

Manchem komme ich rasch zu »nah« und es kommt kein Auftrag zustande oder er wird abgebrochen. Auch gut. Klarheit für mich. Auch wenn es manchmal schmerzt und unter der Gürtellinie ist. Als ich einmal einem Topmanager in seinem Nebel zu nahe kam, nahm er seinen Kugelschreiber in die Hand, lehnte sich auf seinem Stuhl zurück und sagte zu mir: »Frau Köhler, Sie glauben wohl, die Weisheit mit Löffeln gefressen zu haben!« Für mich war das eine unglaublich erniedrigende Situation, denn alle seine Führungskräfte saßen mit im Raum. Das war natürlich das Ende für den Führungsleitbildprozess und gleichzeitig das sofortige Aus für alle meine Aufträge in dieser Organisation.

Drei Monate später vereinbarte ich mit dem Topmanager einen Termin für eine Nachbetrachtung. Das Ereignis nagte an mir. Allein schon um Ruhe für mich zu finden, musste ich in die Höhle des Löwen zurück. Seine Begrüßung: »Wollen Sie sich nun an mir rächen?« Meine Antwort: »Nein! Aber ich möchte verstehen und möchte, dass wir uns an anderer Stelle gut begegnen können.« Seither sind wir uns oft an anderer Stelle begegnet. Der Nachtermin hat sich als wohltuend für beide erwiesen. Was ich daraus gelernt habe? Auch wenn es eine offizielle Einladung zur Klärung des Nebels gibt, kann es sein, dass er binnen kürzester Zeit wieder aufzieht. Dichter und undurchdringbarer als zuvor. Die Organisation hat bis heute kein Führungsleitbild. Zumindest keines, das auch gelebt wird.

Der Unternehmer oder Geschäftsführer, der mir gegenübersitzt, hat in den allermeisten Fällen eines mit mir gemeinsam: Er steht wie ich in der Mitte seines Lebens. Ein erwachsener Mensch. Wo kommt er her? Was hat ihn in seiner Kindheit, in seiner Jugend geprägt? In welchem privaten Umfeld bewegt er sich heute? Wo will er eigentlich hin? Welchen Kampf hat er mit der Vorgängergeneration noch auszufechten? Das sind für mich die wichtigen Fragen. Die üblichen Kick-off-Fragen wie »Was soll die gewünschte Intervention bezwecken?« beziehungsweise »Wohin will das Unternehmen?« sind für mich zunächst nachrangig, auch wenn sie der offizielle Aufhänger zur Kontaktaufnahme mit mir sind.

Auf eine ganze Landschaft von Nebelbänken treffe ich, wenn ich die Führungskräfte eines Unternehmens kennenlerne. Fast alle in meinem Alter. In der Mitte ihres Lebens. Babyboomer. Ein Großteil von ihnen sind Männer. Sie bedienen das Klischee: Familie gegründet, Haus gebaut, Baum gepflanzt. Manchmal sind auch Frauen dabei: Vereinbarkeit von Beruf und Familie gemeistert und in der Führungsriege gelandet. Ich sitze mit ihnen zusammen und soll ihre Führungskompetenz schärfen und entwickeln. Es überrascht mich schon lange nicht mehr, dass die offiziellen Entwicklungsthemen als Fach- und Führungskraft im Unternehmen rasch in den Hintergrund treten und zum Nebenschauplatz werden. Das eigentliche Entwicklungsthema steckt im inoffiziellen Bereich. Im Privaten. In den allermeisten Fällen kommt es aus den Herkunftsfamilien der Führungskraft. Dazu aber später mehr.

In den wenigsten meiner Aufträge stoße ich gleich zu Beginn auf große Begeisterung. Oft nehme ich die Situation als paradox wahr. Es wird zwar gesagt: »Eine Intervention ist längst überfällig!«, aber gleichzeitig fühle ich: »Aber nicht bei mir, dringe nicht in meine Privatsphäre ein! Ich bin so, wie ich bin, und lasse mich nicht verbiegen!«

Es herrscht eine Skepsis gegenüber Veränderungsprozessen, die mit einer Angst des »Verbiegens« einhergeht. Vor allem, wenn der Veränderungsprozess von einer Psychologin begleitet wird. Meiner Erfahrung nach hilft nur eines: Aufklären und Befähigen. Menschen, die verstehen und nachvollziehen können, wie Veränderung funktioniert, sind aufgeschlossener für den Prozess. Gerade für uns Babyboomer ist es wichtig, genau das zu verstehen. So oft haben wir in unserer Kindheit die Worte gehört: »Frag nicht. Das ist halt so!«

Meine Arbeit beginnt daher immer mit einer Einführung in die Grundprinzipien von Veränderungsvorhaben.

Kapitel 2

VERÄNDERUNGEN VERSTEHEN. DUDELSACK LERNEN – EINE WISSENSCHAFT FÜR SICH!

»*Menschen möchten verstehen, was in Veränderungsprozessen passiert. Verstehen gibt Sicherheit und Vertrauen. Eine gute Voraussetzung für Veränderungsprozesse.*«

Von einem Anfang, dem nur ein kleiner Zauber innewohnt …

Wer sich entschließt, Dudelsack zu lernen, geht erst mal davon aus, dass er gleich mit einer großen Pipe anfangen kann. Weit gefehlt! Keine Chance! Der Einstieg in das Erlernen des Dudelsacks erfolgt über den sogenannten Practice Chanter, ein Übungsinstrument. Vom Aussehen her erinnert er eher an eine Blockflöte. Kein Dudelsackspieler kommt an ihm vorbei. Mit ihm erlernt man die unglaublich komplexe Fingertechnik. Je nach Übungsfleiß und Talent ist es dann ein bis anderthalb Jahre später so weit: Das Spiel auf der Great Highland Bagpipe kann beginnen. Wer gleich mit der Bagpipe starten würde, würde vor einer schier unüberwindlichen Hürde stehen, denn es sind viele gleichzeitig stattfindende Bewegungsabläufe zu erlernen. Für einen Anfänger sind diese nur Schritt für Schritt nachvollziehbar und können auch nur so erlernt werden. Im Prinzip lässt sich sagen, dass mit dem Spielen des Dudelsacks zwei verschiedene Instrumente mit gleicher Griffweise erlernt werden. Außerdem nicht zu unterschätzen: die fehlende nötige Kondition eines Anfängers, um den Dudelsack mit der erforderlichen Luftmenge zu versorgen.

»Stimmt es, dass Psychologen nur Psychologie studiert haben, um sich selbst zu therapieren?« Dieser Frage begegne ich häufig. Und ganz ehrlich? Ich glaube nicht, dass es sich um eine echte Frage handelt. In den meisten Fällen sind es die netteren Worte für: »Ihr Psychologen habt alle selbst einen an der Klatsche!« Meine Antwort darauf spielt sich rein nonverbal ab: Ich verdrehe wie eine vom Rinderwahn betroffene Kuh irre die Augen, hebe die Arme und werfe sie unkontrolliert mit unmenschlichen Lauten durch die Luft. Nach circa zwei Sekunden halte ich an und atme tief durch. Ganz ruhig schaue ich dem Fragenden tief in die Augen und sage: »Stimmt!«

Eine vollkommen andere Reaktion, die wir Psychologen aber mindestens genauso oft erleben, ist: »Oh, dann muss ich jetzt aufpassen, damit ich nicht durchschaut werde!« Als ob wir einen eingebauten Röntgenblick hätten. Augenzwinkernd begegne ich schmunzelnd, ob es etwas zu durchschauen gäbe.

Auch wenn ich das mit der Eigentherapie bis vor gar nicht allzu langer Zeit noch vehement abgestritten hätte, so entbehrt diese Hypothese aus heutiger Sicht nicht wirklich der Grundlage. Das gilt zumindest für mich. Warum habe ich Psychologie studiert? Die offizielle Antwort, die mein komplettes Umfeld kennt, lautet wie folgt:

»Mein ursprünglicher Beruf als Kauffrau war mir irgendwie zu wenig. Das zeigte sich in einem exzessiven Jobhopping. Insgesamt vier Arbeitgeber innerhalb eines Jahres! Das kann ja nicht normal sein! Oder? Immer nach zwei bis drei Monaten habe ich mir die Frage gestellt: Und das soll's nun gewesen sein? In zehn Jahren soll ich um acht Uhr wieder an diesem Arbeitsplatz sitzen? … Da es damals noch kein Mentoren-Konzept geschweige denn etwas wie Personalentwicklung in Unternehmen gab, machte ich mich selbst auf den Weg, um zu schauen, wohin die Reise für mich gehen soll … Tja, und dann habe ich mir an der Uni Hamburg jedes Studienfach angeschaut, und es war die Psychologie, die mich ansprach …«

Eine langatmige, aber eigentlich nachvollziehbare Antwort von mir. Oder wie hat es auf Sie gewirkt? Denn diese Ausführung ist wie gesagt die offizielle Version.

Die Wahrheit sieht ganz anders aus.

In Wirklichkeit war es so, dass ich gegen Ende einer Beziehung äußerlich und innerlich am Ende war. Mein gesamter Körper sah aus wie ein gigantischer Streuselkuchen. Nur dass die Streusel nicht süß und appetitlich, sondern rotschuppig und überall blutig, eitrig und dick verkrustet waren. Und ich spreche nicht von vereinzelten Stellen, sondern vom gesamten Körper. Auch vom Gesicht. Gefühlt hatte ich keine Luft zum Atmen mehr. Seit dem 15. Lebensjahr habe ich diese beschissene Hautkrankheit. Schuppenflechte. Hört sich harmlos an, ist es aber nicht. Heute bin ich zwar relativ erscheinungsfrei; je nach Belastung mal mehr, mal weniger. Aber damals gab es eine der schlimmsten Phasen in meinem Leben mit dieser Krankheit überhaupt. Am liebsten hätte ich mich vor der ganzen Welt versteckt. Dabei war das Äußerliche nur ein Spiegelbild meiner Seele. Auch innerlich war ich wund. Ich steckte in einer ungeliebten Beziehung und wusste weder, was ich privat, und erst recht nicht, was ich beruflich oder überhaupt im Leben machen wollte. Wie sollte es nur weitergehen? Verzweifelt. Ich war verzweifelt und irgendwie handlungsunfähig. Das beschreibt es am besten. Dabei war ich erst 26, und scheinbar lag das ganze Leben noch vor mir. Zumindest laut Zollstock. Pffffft!

Mein Hautarzt erkannte meine emotionale Lage und bat mich, zum Psychologen zu gehen. Herrje, bravo! Also doch einen an der Klatsche! Relativ rasch bekam ich einen Termin und saß einem männlichen Psychologen gegenüber. Mühsam, um Fassung ringend. Nur nichts zeigen! Niemandem etwas verraten, wie schlecht es mir wirklich geht! Fröhlich sein, Jokes machen – wie immer! Meine Fassung hielt nicht einmal eine Minute, und so heulte ich die komplette Stunde dem Psychologen etwas vor. Er saß mir gegenüber auf einem Stuhl mit etwas zum Schreiben in der Hand – ich ihm gegenüber auf der berühmt-berüchtigten Couch. Ich weiß gar nicht mehr, über was wir alles geredet haben beziehungsweise was ich ihm erzählt habe. Ich glaube mich zu erinnern, dass er nur ein, zwei Fragen gestellt und ansonsten nicht viel gesagt hat. In Erinnerung ist mir aber das Bild von ihm und von der Situation: Er hatte das Heft in der Hand. Und das nicht nur im wahrsten Sinne des Wortes. Er wirkte auf mich ruhig und gelassen und vor allem souverän. Es schien für mich, dass er die Kontrolle über sein Leben hatte. Andere zollten ihm Respekt, alleine schon wegen des Titels. Das alles wollte ich auch erreichen! Ich wollte Anerkennung. Ich wollte Respekt. Ich wollte souverän sein. Ich wollte verstehen. Und ich wollte vor allem nicht mehr so verletzlich sein. Das war der wahre Ursprung. Das war der Moment, als ich das erste Mal über die Möglichkeit eines Psychologiestudiums nachdachte. Und erst viel später kam die Geschichte mit der Uni Hamburg. Ein denkwürdiger Moment – meine Begegnung mit diesem Psychologen. Es war übrigens meine erste und gleichzeitig letzte Stunde bei ihm. Schließlich habe ich ja keinen an der Klatsche. Ein Impuls war gesetzt. Ich kam aus meiner Starre heraus und wieder in Bewegung. Ein Jahr später begann ich in Berlin mit dem Psychologiestudium.

Alles tschakka oder was?
Psychologie: Die Wissenschaft des Verstehens und der Veränderung.

Bachelor of Scottish Music/Piping Degree
Seit 1996 kann man an der Royal Scottish Academy of Music and Drama in Glasgow Dudelsack studieren. Neben einem großen akademischen Anteil gibt es auch Instrumentalunterricht in Form von Einzel-, aber auch Gruppenunterricht. Typische Fächer sind: Einführung in die schottische Musik, Folklore, schottische Geschichte,

Gälisch, Scots, Harmonie, Zuhörkompetenzen (Listening Skills), Piping-Techniken, Pibrochstile, modernes Piping, Canntaireachd, Besuche von Dudelsackherstellern und noch vieles mehr. Das in Zusammenarbeit mit dem National Piping Centre angebotene insgesamt dreijährige Studium ist staatlich anerkannt und schließt mit dem Bachelor ab. Den Zusatz »Piping Degree« gibt es seit 2001.

»Anwendung und Weiterentwicklung von CREAM am Beispiel der Bedienung und Überwachung einer verfahrenstechnischen Anlage«. Häääääääh? Ja, Sie haben richtig gelesen. Auch ich musste herzhaft lachen, als ich, während ich dieses Buch schrieb, meine Diplomarbeit aus dem Jahre 2001 aus dem Bücherregal fischte. Welcher unglaublich spannende Titel für eine psychologische Arbeit, finden Sie nicht auch? 297 kompakte Seiten über das Thema »menschliche Zuverlässigkeit« in komplexen Systemen wie zum Beispiel in Flugzeugen. Oder aber in verfahrenstechnischen Anlagen. Viele von uns wissen nicht einmal, was Letzteres ist. Wenn mich heute jemand nach dem Inhalt meiner Diplomarbeit fragt, dann formuliere ich es äußerst platt: »Ich habe im Cockpit des Airbus A320 untersucht, mit welcher Wahrscheinlichkeit es zum Absturz kommen könnte, weil die Piloten versagen.« Um weitere Häääääääähs? erst gar nicht aufkommen zu lassen, verzichtete ich auf folgenden höchst intellektuellen Nachsatz: »… Genauer gesagt ging es darum, ein Profil der kognitiven Anforderungen an Piloten zu erstellen und ein herkömmliches Arbeitsumfeld gegenüber einem möglichen neuen Arbeitsumfeld abzuwägen. Das Ganze habe ich für die Arbeit eines Kolonnenführers an einer sogenannten Rektifikationsanlage einer chemischen Anlage gemacht! …« Alles klar? Alles verstanden? Über 15 Jahre danach fühle ich selbst bei mir deutlich ausgeprägte Häääääääh?-Anzeichen.

Als ich mit meinem Studium anfing, hätte ich niemals im Leben gedacht, wie unglaublich breit die beruflichen Einsatzgebiete für Psychologen gestreut sind. Und ebenso wenig hätte ich alleine schon aufgrund meiner null Punkte im schriftlichen Matheabitur gedacht, dass ich je ein durchaus mathematisch geprägtes Studium wählen würde. Das stellte sich für mich allerdings auch erst im Studium heraus. Woher sollte ich im Vorfeld wissen, was genau sich hinter einem Fach mit dem Namen »Statistik« verbirgt? Ich bin eine Frau der schnellen Entscheidungen; andere bereiten sich hingegen gut vor und informieren sich ausführlich – auch über Statistik. Dass ich dann ausgerechnet auch noch eine vom Wahrscheinlichkeitsrechnen dominierte Diplomarbeit schreiben würde und das auch noch mit sehr guten Noten, das übersteigt sicherlich nicht nur mein Fassungsvermögen. Mein damaliger Mathelehrer würde sicherlich vehement mit dem Kopf schütteln und sagen: »Alles gelogen und frei erfunden! Alle Schüler, nur die Tanja nicht!« Tja, manche Entwicklungen starten spät und manchmal auch in Bereichen, mit denen man selbst niemals gerechnet hätte. Und dann enden sie nicht in der erwarteten Frustration und im von anderen prognostizierten Desaster, sondern stellen sich als eine echte Bereicherung für das Leben heraus. Haben Sie schon einmal eine solche Erfahrung gemacht? Ja? Welche Bestärkung für das gesamte Leben, finden Sie nicht auch? Nein? Wow, was liegt noch alles vor Ihnen, was sich erst mal nach »unmöglich« anfühlt.

Psychologie – ein Beruf mit vielen Gesichtern.

Tatsächlich beschäftigt sich die Psychologie mit allem Möglichen. Von der Therapie von kranken Menschen über das Schaffen motivierender Arbeitsbedingungen bis hin zur Minimierung der Wahrscheinlichkeit von Flugzeugabstürzen. Uns gibt es quasi so ziemlich überall; in jeder Branche und in unfassbar vielen Berufen. Und nein, wir haben keine Röntgenbrille auf. Wir sind auch nur Menschen. Aber wir haben einen geschulten Blick für bestimmte Dinge. Bei Ihnen wird es in Ihrem Job nicht anders sein. Ein Bäcker erkennt sofort, wann die Brötchen aus dem Ofen müssen oder ob das Brot mit schlechtem Mehl gebacken wurde. Ein Bauingenieur sieht mit einem Blick, wo die möglichen Schwachstellen einer Brücke sind. Eine Erzieherin weiß, wie sie Kindern wichtige Kompetenzen für das weitere Leben übermittelt. Ein Architekt weiß, wie er planen muss, damit das Haus nicht bei der ersten Windböe zusammenfällt. Ein Busfahrer weiß, wie er seine Passagiere wohlbehalten von einem Ort zum anderen bringt. Ein Förster weiß, welche Bäume es zu fällen gilt, damit andere kleine Pflanzen Licht bekommen und wachsen können. Und wir Psychologen? Wir wissen, wie Veränderung funktioniert oder eben wann sie nicht oder nur holprig funktioniert.

Viele, die Psychologie studieren, treten mit der Überzeugung an, später mit Menschen therapeutisch zu arbeiten. Für mich war das von Anfang an keine Option. Ich bin schon im Privatleben ziemlich ungeduldig und genervt von kranken Mitmenschen. Sicherlich spürt das jeder, auch wenn ich krampfhaft mit einem Lächeln versuche, es mir nicht anmerken zu lassen. Warum also sollte ich es mir und anderen antun? Endlich war ich im Studium angekommen, doch wieder einmal wusste ich nicht, was ich später gerne machen würde. Egal. Das Studium fühlte sich fantastisch an. Ich spürte bis in jede Haarspitze – und ich hatte damals sehr lange Haare – die Freiheit, mir alles in Ruhe anschauen und ausprobieren zu können. Das war toll. Richtig toll! Ich ging gerne in jede Vorlesung und sog das Wissen nur so in mich auf. Ich hatte Lust auf das Leben und ging auf Entdeckungsreise.

Allgemeine Psychologie – welche spannenden menschlichen Phänomene es doch gibt, über die ich noch nie im Leben nachgedacht hatte, denen ich aber schon oft begegnet bin!

Sozialpsychologie – so also funktioniert das zwischenmenschliche Miteinander oder aber eben nicht!

Pädagogische Psychologie – aha! Auf all das hätten meine Lehrer noch besser achten können!

Statistik – ach so! Dafür also musste ich in der Schule Exponentialfunktionen rechnen. Plötzlich bekommt das »Abgehen wie Schmitz' Katze« oder das »Hochgehen wie ein HB-Männchen« eine echte Bedeutung!

Entwicklungspsychologie – na ja, so viel scheint bei mir doch nicht schiefgelaufen zu sein!

Bio- und Neuropsychologie – gehe ich vielleicht in die Forschung?

Forensische Psychologie – oder beschäftige ich mich später mit Straftätern?

Klinische Psychologie – was? So viele unterschiedliche therapeutische Ansätze gibt es? Hätte ich nicht gedacht!

Arbeits- und Organisationspsychologie – genau das hätte ich von meiner Führungskraft in meinem ersten Beruf als Kauffrau gebraucht!

Nach und nach fing ich an zu verstehen. Es gab plötzlich Zusammenhänge, wo es früher scheinbar nur lose Enden gab. Ich konnte plötzlich Dinge benennen und menschlichen Verhaltensweisen einen Namen geben. Das gab mir Sicherheit. Ich erfuhr von Methoden, wie man Veränderungen herbeiführen könnte. Zumindest oberflächlich. Im Psychologiestudium bekommt man leider nur einen groben Überblick. Die eigentliche Expertise erwirbt man sich in einer oft sehr teuren Ausbildung danach.

Ich kann mich noch an eine Vorlesung unserer klinischen Professorin erinnern. Sie war Verhaltenstherapeutin und Psychoanalytikerin und warnte uns vor einer Alchemie der unterschiedlichen Therapierichtungen, vor einer Vermischung der Methoden. Jede Therapierichtung hat ein Menschenbild, also eine Meinung dazu, wie Menschen vom Grundwesen her sind. Ist jemand von Natur aus gut oder böse? Faul oder fleißig? Einsichtig, vernünftig oder uneinsichtig? Und so weiter und so fort. Daraus folgt, dass es – je nach Menschenbild – auch unterschiedliche Annahmen gibt, was einen Menschen krank oder eben auch wieder gesund macht.

Derzeit gibt es in Deutschland fünf therapeutische Verfahren, die wissenschaftlich anerkannt sind: Verhaltenstherapie, analytische beziehungsweise tiefenpsychologisch fundierte Psychotherapie sowie Gesprächspsychotherapie und systemische Therapie. Allerdings werden nur die ersten drei von den gesetzlichen Krankenkassen bezuschusst. Die meisten Therapeuten haben ein bestimmtes Verfahren als Schwerpunkt und sich auf bestimmte Themengebiete spezialisiert. Wer für sich in Erwägung zieht, eine Psychotherapie zu machen, sollte auf jeden Fall darauf achten, dass neben den entsprechenden Erfahrungen und Spezialisierungen die Chemie zwischen ihm und dem Therapeuten stimmt. Und auch die Methoden müssen zu einem passen: Können Sie sich vorstellen, auf der Couch zu liegen und Ihre Vergangenheit aufzuarbeiten, oder wollen Sie lieber im Hier und Jetzt kämpfen und am liebsten eine schnelle Lösung?

Mich persönlich hat von Anfang an die sogenannte systemische Therapie angesprochen. Diese war damals während meines Studiums erst dabei, die Therapeutenwelt nach und nach zu erobern. Der Kerngedanke der systemischen Therapie ist die Annahme, dass der Schlüssel zum Verständnis und somit zur Veränderung nicht in der behandelten Person alleine liegt. Um den Schlüssel zu erhalten, muss man den gesamten Zusammenhang betrachten, in dem das Problem steht. Zum Beispiel die nähere Familie. Bingo! Welche Entlastung für mich! Also nicht nur ich habe einen an der Klatsche, sondern auch meine Eltern und mein Bruder! Ich stelle mir uns vier gemeinsam auf der Couch vor. Ziemlich kuschelig, denn wir sind alle groß und dem Essen nicht abgeneigt. Zumindest mein Vater und ich. Aber im Ernst. Welche enorme Entlastung eine solche beratende Haltung für Menschen im beruflichen Kontext mit sich bringt! Nicht nur einer ist schuld, sondern die Art der Interaktionen der Menschen trägt zum Problem bei. Und diese Interaktionen spiegeln oft auf subtile Weise den Ablauf von Unternehmensprozessen wider. Aber Menschen ticken so, dass sie gerne nach einem Schuldigen suchen und dann an einer Person festmachen.

Psychologen nennen dieses Phänomen den sogenannten fundamentalen Attributionsfehler. Wenn es darum geht, etwas erklären zu müssen, dann erhöhen wir Menschen innerhalb unserer Erklärung gerne den Einfluss von einzelnen Personen. Zeitgleich schenken wir dem Einfluss von äußeren Faktoren kaum Beachtung beziehungsweise unterschätzen ihn oder ignorieren ihn manchmal sogar komplett. »Ach wenn sich doch unsere Kollegin Frau Müller nur ändern würde, dann wäre alles gut!« Sehr oft höre ich derlei Aussagen zu Beginn eines Kundengesprächs. Es scheint, als ob sich das gesamte Übel an einer Person manifestiert und die anderen lediglich auf diese Person reagieren und deswegen selbstverständlich allesamt an der Situation unschuldig sind. Wie gesagt: Der Schlüssel zum Verständnis und zur Veränderung findet sich laut systemischer Sichtweise im Zusammenhang. Spätestens nach zehn Minuten kristallisiert sich nach und nach heraus, wer oder was noch alles Einfluss hat und bei einer Lösungsfindung mit betrachtet werden muss.

The Piob Mhor – der große schottische Highland-Dudelsack

Die Great Highland Pipe – auf Gälisch Piob Mhor – ist ein komplexes Musikinstrument, das es in sich hat. Der Dudelsack besteht aus einem Luftsack, der über das Anblasrohr (Blowpipe) mit Luft befüllt wird. In diesem Anblasrohr befindet sich ein Rückschlagventil, damit die Luft im Sack bleibt und nicht wieder zurückströmen kann. Neben dem Anblasrohr sind in den Sack insgesamt drei Bordunpfeifen

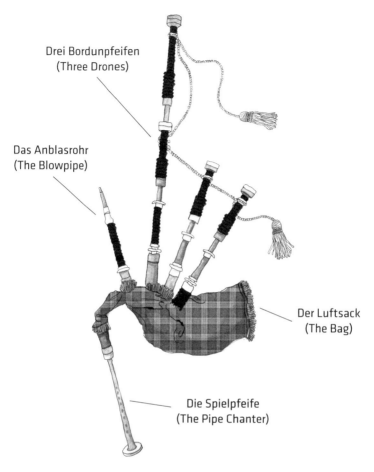

Drei Bordunpfeifen
(Three Drones)

Das Anblasrohr
(The Blowpipe)

Der Luftsack
(The Bag)

Die Spielpfeife
(The Pipe Chanter)

(Drones) und eine Spielpfeife (Pipe Chanter = Melodieflöte) eingebunden. Die Töne in den Bordunpfeifen werden über die Drone Reeds erzeugt, die Melodieflöte hat ein Doppelrohrblatt (Chanter Reed). Traditionell bestehen alle Holzteile aus Grenadill (blackwood). Die einwandfreie Beschaffenheit und Funktionalität der Bestandteile ist ein Erfolgskriterium, um dem Dudelsack wohlklingende

Töne zu entlocken. Das andere Kriterium ist das Erlernen der hochkomplexen Zusammenhänge des Spiels selbst. Es gibt zahlreiche gleichzeitig zu koordinierende Vorgänge: den Luftsack blasen, ihn mit dem Arm drücken, daran denken, welche Töne als Nächstes kommen, hören, ob die Töne und der Klang der Drones stimmen, harmonisch zum Klang der Musik laufen und die Finger richtig auf dem Chanter bewegen.

Denkfehler beeinflussen unser Tun oder Nichttun.

An dieser Stelle möchte ich Sie für den sogenannten *Self-Serving Bias* sensibilisieren, einer Abwandlung des fundamentalen Attributionsfehlers. Die selbstwertdienliche Verzerrung ist die menschliche Verhaltenstendenz, Erfolge dem eigenen Können zuzuschreiben, während zur Erklärung von persönlichen Misserfolgen die äußeren Ursachen herangezogen werden. Sicherlich kennen Sie Menschen, die – wenn etwas schiefgeht – nie an etwas schuld sind. Auch für eigentlich anstehende Veränderungen, die nicht umgesetzt werden können. Immer sind es die anderen oder die Situation. Ticken Sie auch so? Zumindest ab und zu? Nein? Was würde mir Ihr Lebenspartner sagen? Ich finde es nur menschlich und mir passiert es oft. Diese Art zu handeln verschafft uns nämlich ein gutes Gefühl. So war an meinen schlechten Mathenoten auf dem Gymnasium vor allem mein Lehrer wegen seiner psychopathischen Art schuld, während ich im Studium gute Noten schrieb, weil ich endlich meine wahren Fähigkeiten in Sachen Mathematik zeigen konnte. Wird dieses Buch ein Bestseller, so liegt es selbstverständlich an mir und meinem großartigen Wissen. Floppt dieses Buch, so sind Sie daran schuld, weil Sie mein Genie verkannt und mein Buch nicht weiterempfohlen haben. Und selbstverständlich ist auch der Verlag verantwortlich, weil er nicht genügend in Sachen Werbung getan hat. Und überhaupt: die ganze Welt. Aber nicht ich. Auf gar keinen Fall.

Wer macht wen oder was für das Misslingen verantwortlich? Lassen Sie uns mal ein kleines Gedankenspiel machen und bei einem Konflikt in einem Unternehmen folgende Personengruppen aufeinandertreffen: eine Gruppe, die dem »fundamentalen Attributionsfehler« und eine andere Gruppe, die dem »Self-Serving Bias« unterliegt. Holla, die Waldfee! Knirschen und Stillstand garantiert! Meine Erfahrung ist, dass diese Denkfehler umso stärker zutage treten, je mehr wir uns altersmäßig in der Mitte unsres Lebens befinden.

Wie sieht es bei Ihnen aus? Wen oder was machen Sie für Ihren möglichen Stillstand oder gar das Nichterfüllen Ihres Veränderungswunsches verantwortlich? Wer oder was ist zum Beispiel verantwortlich, dass Sie immer noch nicht Ihr Traumland besucht haben? Dass Sie noch immer in einem nicht erfüllenden Job arbeiten? Dass Sie zu viele Kilos auf die Waage bringen? Dass Sie nicht dazu kommen, regelmäßig Sport zu treiben? Dudelsack zu üben? Stellen Sie sich vor, Sie können keine Zuschreibungen mehr machen. Das gäbe es einfach nicht mehr. Wer würde dann die Verantwortung tragen? Um was geht es, wenn sich der Nebel lichtet?

Immer wieder unterliegen Menschen solchen Denkfehlern. Selbst dann, wenn man sie so gut kennt wie ich. Wenn mein Dudelsacklehrer Jan mich fragt, wie die Woche in Sachen »Üben« war, so erkläre ich ihm oft ausführlich, in welchen Städten in

Deutschland ich die Woche über im beruflichen Einsatz gewesen bin und deswegen kaum Zeit zum Üben gefunden hätte. Ehrlich hingegen wäre ein »Habe im Hotelzimmer lieber ferngesehen, anstatt eine halbe Stunde meinen Practice Chanter herauszuholen und Fingertechnik zu üben!«. Aber dann müsste ich ehrlich zu mir selbst sein und würde vor anderen – zumindest vermeintlich – nicht mehr so gut dastehen. Und das ist es, um was es im Self-Serving Bias geht.

Kein Voodoo und auch kein Buch mit sieben Siegeln! Dinge, die Sie über Veränderungen wissen sollten.

Welche Fähigkeiten braucht man, um Dudelsack zu spielen?
Wahrscheinlich kann so ziemlich jeder Mensch mit etwas Musik- und Rhythmusgefühl Dudelsack lernen. Es braucht viel Fleiß und Ausdauer, Körperkoordination sowie Kondition. Die Fingerfertigkeit muss permanent trainiert werden – ein, zwei Wochen nicht geübt, und schon laufen die Finger nicht mehr richtig flüssig. Was hilft, sind Geduld, Ehrlichkeit zu sich selbst und auch etwas Leidensfähigkeit. Es heißt: Wer täglich den Drang verspürt und nach dem Dudelsack greift, hat sein Instrument gefunden. Allerdings ist es so, dass man – vielleicht beim Dudelsack noch mehr als bei allen anderen Instrumenten – seine persönlichen Grenzen akzeptieren muss. Um über die vielen Anfangshürden hinwegzukommen, ist es hilfreich, wenn man einen guten Lehrer hat.

Kognitive Dissonanz, fundamentaler Attributionsfehler, Self-Serving Bias. Ja, Psychologen haben seltsame Ausdrücke. Während meiner zweiten Woche im Studium ging ich nach einer Vorlesung total entnervt in einen Buchladen, um mir ein Fremdwörterbuch zu kaufen. Kognitiv, Dissonanz, randomisiert, psychogen. Es wurde uns ein Fremdwort nach dem anderen um die Ohren gehauen. Scheinbar kapierten alle anderen Studierenden, über was der Professor redete. Alle, außer mir. Offensichtlich war ich zu wenig intelligent für ein Psychologiestudium. Diese Art zu denken ist übrigens genau das Gegenteil von einem Self-Serving Bias. Ein Hauch von Minderwertigkeitsgefühl stieg in mir auf. Dieses löste sich jedoch spontan in herzhaftes Gelächter auf, als ich in der Fachbuchhandlung Lehmanns, die es damals noch gegenüber der TU Berlin in der Hardenbergstraße gab, so ziemlich die Hälfte meiner Kommilitonen traf – alle auf der Suche nach einem Fremdwörterbuch.

Manchmal spüre ich echten Ärger in mir hochkochen. Wie ein Kloß sitzt er in meinem Hals fest. Ich ärgere mich über alle Gurus, die einem weismachen wollen, dass Veränderung so einfach ist. Du musst nur wollen! Tue es einfach! Tschakka – hole dir die Welt! Es ist so easy, erfolgreich zu sein! Lebe dein Traumleben! Bla, bla, bla! <u>Wenn Veränderungen so einfach wären, wie es uns diese Gurus süß verheißen wollen, könnten wir doch alle unsere Vorsätze direkt umsetzen.</u> Wir hätten ausschließlich zufriedene und erfüllte Menschen um uns herum. Es gäbe weder unerfüllte Träume noch Übergewicht und unser Leben wäre Friede, Freude, Eierkuchen!

Veränderung ist harte Arbeit. Veränderung ist Hinschauen. Veränderung ist ein intensives Auseinandersetzen mit sich selbst und seiner Herkunft. Und selbst dann, wenn wir vieles wissen, kennen die meisten von uns das Phänomen, dass wir trotzdem nicht loslaufen können. Irgendwas hält uns. Und das ist nicht nur mit dem inneren Schweinehund zu erklären. Meines Erachtens sollte man übrigens für diese Hundeart eine Hundesteuer einführen. Das wäre sehr einträglich für unser Finanz- und Gesundheitssystem.

Als ich damals dem Psychologen auf der Couch gegenübersaß, entdeckte ich in dem ganzen Gefühlschaos neben meinen vielen Tränen auch ein ganz spezielles, ungutes Gefühl. Es war zwar nur leise und unterschwellig da, aber ich spüre es noch heute deutlich und kann es inzwischen auch benennen. Es war ein Gefühl des »Dem-da-ausgeliefert-seins«. Ich glaube, ich hätte mich wohler gefühlt, wenn ich gewusst hätte, was mit mir passiert. Wie läuft das ab? Es hätte mir Sicherheit gegeben, mich auf den Prozess einzulassen. Menschen wollen verstehen. Und Menschen in der Mitte ihres Lebens wollen noch mehr verstehen. Sie wollen verstehen, was mit ihnen passiert. Sie wollen verstehen, wie Veränderung funktioniert. Sie wollen verstehen, warum wir uns auf welchem Terrain bewegen und was das mit Veränderung zu tun hat. Ich finde, die Menschen haben ein Recht darauf. Verstehen gibt Sicherheit und schafft Vertrauen. Eine gute Voraussetzung für Veränderungsprozesse. Finden Sie nicht auch?

Wenn ich Unternehmen, Teams und Menschen begleite, ist für mich der erste Schritt, ihnen zu zeigen, wie ich arbeite und welches mein Arbeitsverständnis von Veränderungsprozessen ist. Dafür ist weder ein Psychologiestudium noch eine therapeutische Weiterbildung notwendig. Der gesunde Menschenverstand genügt. Es sind lediglich zwei Bereiche, die ich erkläre: (1) der Einfluss und die Auswirkungen von bewussten und unbewussten Prozessen und Kompetenzen auf die Veränderungssituation und (2) eine Art Leitformel für Veränderung, an der man sich orientieren kann. Mehr braucht es nicht.

Warum es wichtig ist zu wissen, wie man einen Dudelsack stimmt. Bewusst oder unbewusst? Das ist hier die Frage!

Die Stimmung einer Great Highland Bagpipe ist eine Wissenschaft für sich. Verwirrend und irritierend. Es braucht ein gutes Gehör und Jahre an Erfahrung sowie ständiges Ausprobieren, um einen Dudelsack einigermaßen richtig zu stimmen. Und auch dann hört er sich oft nicht stimmig an. Das gehört zu seinem Wesen. Alle Drones werden nach dem Pipe Chanter auf A gestimmt – allerdings tiefer. Die beiden Tenor-Bordunpfeifen werden eine Oktave, die Bass-Bordunpfeife sogar zwei Oktaven tiefer als der Chanter gestimmt. Das bedeutet, dass die gesamte Great Highland Bagpipe über insgesamt drei Oktaven verfügt.

»Sind Sie inkompetent, und wenn ja, wie sehr?« Das ist eine meiner Lieblingsfragen. Ich stelle sie zu Beginn eines Prozesses und sehe in schmunzelnde Gesichter. Kaum jemand kann sich vorstellen, dass ich diese Frage wirklich ernst meine. Aber ich tue es tatsächlich – wenn auch auf humorvolle Art und Weise. Ich halte diese Frage und vor allem die Ehrlichkeit bei der Beantwortung für eine der wesentlichen Erfolgsgrundlagen für Veränderungsprozesse. Wenn ich Sie jetzt direkt fragen würde:

»Sind Sie inkompetent, und wenn ja, wie sehr?« Wie ist Ihre Reaktion? Wahrscheinlich liegt Ihnen ein »Kommt drauf an, über was wir reden« auf der Zunge. Da haben Sie recht. Es gibt aber ein paar grundlegende Fakten, die wir über Inkompetenz im Zusammenhang mit Veränderungsprozessen immer im Auge haben sollten.

1. Menschen, die inkompetent sind, neigen dazu, ihr Können zu überschätzen. (Das ist ein Grund dafür, dass vor allem junge Fahranfänger und »In-der-Mitte-ihres-Lebens-stehende-Motorradfahrer-Wiedereinsteiger« verunglücken.)
2. Menschen, die inkompetent sind, können das Ausmaß ihrer Inkompetenz nicht erkennen und deswegen auch nicht die sich daraus ergebenden Konsequenzen abschätzen.
3. Menschen, die nicht wissen, dass sie inkompetent sind, können daran nichts ändern. Eben weil sie es nicht wissen, dass sie inkompetent sind.
4. Menschen, die inkompetent sind, unterschätzen oft die Fähigkeiten von kompetenten Menschen.

In der Literatur findet man diese vier Verhaltenstendenzen in Sachen Inkompetenz unter dem sogenannten *Dunning-Kruger-Effekt*. Die Wissenschaftler David Dunning und Justin Kruger haben für diese Studie den sogenannten Ig-Nobelpreis bekommen, eine satirische Auszeichnung, mit welcher skurrile wissenschaftliche Leistungen geehrt werden, die uns Menschen zuerst zum Lachen und dann zum Nachdenken bringen.

»Wenn jemand inkompetent ist, kann er nicht wissen, dass er inkompetent ist. […] Die Fähigkeiten, die man braucht, um eine richtige Lösung zu finden, [sind] genau jene Fähigkeiten, die man braucht, um eine Lösung als richtig zu erkennen« (David Dunning).

Als ich eines Tages einem Bekannten stolz erzählte, dass ich Dudelsack spielen würde, fragte er mich interessiert, wie ich ihn stimmen würde. Ich sagte ihm: Dazu ist keine Stimmung notwendig. Er schaute mich irritiert an, sagte aber nichts und schwieg. Wir wechselten zu einem anderen Thema. Damals spielte ich ungefähr fünf Monate auf dem Practice Chanter, der Übungsflöte des Dudelsacks. Mit dem großen Dudelsack war ich noch nie in Berührung gekommen.

Peinlich! Es war mir megapeinlich, als ich weitere fünf Monate später endlich meine große Pipe vor mir liegen hatte und der erste Satz meines Dudelsacklehrers lautete: »Dann kommst du demnächst zu uns in die Dudelsack-Akademie und wir stimmen das Instrument gemeinsam!« Ich hatte mich mit meinem Wissen vollkommen überschätzt: Wenn man einen Practice Chanter nicht wirklich stimmen muss, warum sollte dann ein Dudelsack gestimmt werden? Eine Blockflöte stimmt man ja auch nicht, oder? Und wenn ich mit dem Unterricht vorher aufgehört hätte, hätte ich sicherlich niemals erfahren, dass man einen Dudelsack aufwendig stimmen muss. Aber das, was mir so richtig peinlich war, ist die Tatsache, dass ich die Kompetenz meines Bekannten unterschätzt habe, obwohl ich es hätte anders wissen müssen. Er ist Musiker und hat viele Jahre den örtlichen Musikverein geleitet.

Ohne Erkenntnis und Einsichtsvermögen keine Veränderung.
Die sich selbst ignorierende Inkompetenz.

Die sich selbst ignorierende Inkompetenz finden wir oft in Berufen, denen wir in der Regel eine hohe Kompetenz zuschreiben. Zum Beispiel finden wir sie bei Journalisten, wenn sie aufgrund einer bereits persönlich erfolgten Meinungsbildung zusätzliche Informationen aus unabhängigen Quellen ignorieren. Oder bei Politikern, die Entscheidungen über unsere Sozialsysteme treffen, ohne die relevanten gesellschaftlichen Mechanismen in ihrer tatsächlichen Wirkungsweise jemals gespürt und verstanden zu haben. Und fatalerweise auch bei Lehrern, die ihren Schülern Berufsperspektiven vermitteln, ohne je Lebens- und Arbeitskompetenzen in der Wirtschaft gesammelt zu haben. Bei manchen Managern habe ich verzweifelt im Stillen mit der offenen Hand an meine Stirn geklatscht und mich gefragt, wie doof man eigentlich sein kann. Wie naiv man Sätze in der Öffentlichkeit von sich geben kann, ohne auch nur einen Hauch Ahnung davon zu haben, mit welchen Äußerungen man in die negativen Schlagzeilen kommen kann. Intelligenz schützt vor Dummheit nicht. Bestimmt finden auch Sie ein Beispiel aus Ihrem eigenen Umfeld. Und wenn es nur eine Diplom-Psychologin im Anfangsstadium des Dudelsacklernens sein sollte, die behauptet, Dudelsäcke werden nicht gestimmt.

Damit wir auf dem Feld der Inkompetenz so richtig glänzen können, braucht es ein gewisses Maß an Grundwissen. Trifft dieses Grundwissen dann auf eine entsprechende, persönliche Erfahrung, so glauben wir, wir wüssten über alles Bescheid. Was echt schräg ist: Es reicht aus, wenn es nur eine einzige, oder sogar noch weniger, nur eine Vom-Hörensagen-Erfahrung ist. Und wer Bescheid weiß, der glaubt, gut beurteilen, entscheiden und handeln zu können. Vor meinem inneren Auge erscheinen gerade die kommunalen Bescheidwisser eines Samstagmorgen-Stammtisches in meiner Heimatregion.

Im beruflichen Alltag sitzt mir das Phänomen der sich selbst ignorierenden Inkompetenz in seinen buntesten Ausprägungen aller Altersstufen gegenüber. Es sind nicht die jungen Menschen, die mich innerlich manchmal richtig zornig machen. Und auch nicht die »Alten«, die kurz vor der Rente stehen. Es sind die Menschen, die sich wie ich in der Mitte ihres Lebens befinden. Ohnmächtig, sich auch nur in eine Richtung zu bewegen, aber für alles ein Argument findend, warum etwas nicht geht. Viele von ihnen haben ein gewisses Maß an Grundwissen zum Thema »Veränderung« und alle haben ein halbes Leben lang Erfahrungen gesammelt. Leider sind viele von ihnen zu dem Schluss gekommen: Das funktioniert alles nicht. Es ist so, wie es ist! Ein großer Teil der Menschen, denen ich in meinem Job begegne, ist zwar zunächst skeptisch, aber irgendwie auch gleichzeitig dankbar, dass es nun zumindest eine Option gibt. Nur ein kleiner Teil wehrt sich mit allen zur Verfügung stehenden inneren und äußeren Mechanismen. Warum ich nicht gelassen bin und mich dieser kleine Teil so zornig macht? Die Antwort findet sich im vierten Satz des Dunning-Kruger-Effekts: Menschen, die inkompetent sind, unterschätzen oft die Fähigkeiten von kompetenten Menschen. Erinnern Sie sich noch, warum ich wirklich Psychologie studiert habe? Ich wollte Anerkennung und Respekt. Eine Unterschätzung meiner Fähigkeiten fühlt sich für mich wie eine Abwertung meiner Person an. Ja, ich weiß. Das ist mein Thema und nicht das Thema der

Person mir gegenüber. Aber weil ich darum weiß, habe ich überhaupt die Chance, etwas daran zu ändern und an mir zu arbeiten. Und das tue ich täglich. Gelassenheit ist ein wunderschönes Gefühl!

Und so treffe ich Tag für Tag auf seltsam anmutende Inkompetenzsituationen. Auf Tschakka-Gurus, die behaupten, alles wäre möglich, und damit erst recht eine Vielzahl von Menschen in die Bewegungslosigkeit stürzen, weil es für diese gerade nicht so einfach möglich ist. Auf Führungskräfte, die der felsenfesten Annahme sind, der ganze Käse mit Change Management würde nichts bringen. Auf Mitarbeiter, die sagen, dass sie viel versucht, nichts bewirkt und deswegen keine Lust mehr hätten. Auf Geschäftsführer, die der unverrückbaren Überzeugung sind, nur Antreiben würde helfen. Privatpersonen, die behaupten, sie persönlich würden sich längst verändert haben, wenn nur nicht … wie heißt es so schön: »Wenn das Wörtchen wenn nicht wäre.« Manchmal stellen sich mir die Nackenhaare auf, aber ich gebe nicht auf. Ich glaube fest daran. Und ich weiß, dass sich Menschen bewegen und gut in Veränderungsprozessen mitgehen können. Auch die in der Mitte ihres Lebens. Wenn sie Bescheid wissen. Richtig Bescheid wissen.

Der Weg heraus aus diesem Bewegungslosigkeitsdilemma führt meiner Meinung nach nur über Aufklärung und Befähigung in Sachen »Veränderung«. Und der wichtigste Schritt ist für mich, ein Grundverständnis von Veränderung zu vermitteln. Als Beraterin investiere ich gerne diese Zeit, um den Menschen ein pragmatisches, aber durchaus umfassendes Grundverständnis für Veränderungsprozesse mitzugeben. Das macht meine Arbeit anschließend leichter. Ich muss die Menschen schlau machen, damit sie für ihre Schlauheit empfänglich sind und anders an ihre Veränderungsprojekte herangehen. Auch wenn ich diese Zeit nicht bezahlt bekomme, weil sie im Rahmen eines Akquisitionsgesprächs oder auf einer Wanderung irgendwo zwischen Südtirol und Schottland stattfindet, macht sie sich bezahlt. Es sind die Gesichter der Menschen, die Bände sprechen. Allerdings: Wenn Inkompetenz auf Ignoranz trifft, ist auch hier Hopfen und Malz verloren. Ohne Erkenntnis und Einsichtsvermögen gibt es keine Veränderung. Gott sei Dank sind diese Fälle selten. Und ich bin inzwischen geübt in der Gelassenheit. Aufklärung und Befähigung sind angesagt. Aufklärung über einige wenige, aber essenzielle psychologische Mechanismen und anschließend die Befähigung, diese auch anzuwenden und umzusetzen.

Die Menschen schlau für ihre Schlauheit machen.

Ich liebe diesen Satz.

Übrigens gibt es trotz allem Gerede von Inkompetenz auch noch eine gute Nachricht: Inkompetent in einem Bereich zu sein, bedeutet nicht automatisch, es auch auf allen anderen Gebieten zu sein.

Puh, Glück gehabt!

Machen Sie sich schlau für Ihre eigene Schlauheit! Eine Bobby-Car-Rennstrecke durch die Wohnung.

»Hör doch endlich auf, immer durch die ganze Wohnung nach unserem Sohn zu rufen!« »Mache ich doch gar nicht!« Noch während ich die Worte ausspreche, drehe ich mich um meine eigene Achse und rufe ziemlich genervt und laut durch die ganze Wohnung: »Mika! Jetzt komm endlich zum Mittagessen!« …

Stille … Verblüffte Erkenntnis meinerseits: »Tanja, das war nicht wirklich kompetent!« Hatte ich doch nicht einmal fünf Sekunden vorher felsenfest behauptet, dass ich so etwas nie im Leben tun würde. Über die komplette Wohnung hinweg nach unserem Sohn schreien. Und das sind schon ein paar Meter. 22, um genau zu sein. Ich habe extra für Sie nachgemessen. Zwischen unserer Küche und dem Zimmer unseres Sohnes liegen alle anderen Räume, verbunden über einen weiten, ausladenden Flur, den ich in den frühen Kindheitstagen unseres Sohnes liebevoll Bobby-Car-Rennstrecke genannt habe.

Intelligenz schützt nicht vor Inkompetenz. »Ist doch logisch, dass man nicht durch die ganze Wohnung nach dem Kind brüllt!«, denken Sie jetzt. Meine Antwort: »Jupp!«, auch ich würde jedem den Hinweis geben, nicht über die ganze Wohnung nach dem Kind zu plärren. Aber mir war nicht einmal bewusst, dass ich das tue. Hätte mich mein Mann nicht freundlicherweise auf mein Verhalten hingewiesen, so würde bei mir zu Hause das Gebrüll von einem zum anderen Zimmer munter weitergehen. Über die gesamte Bobby-Car-Rennstrecke hinweg. Mit der logischen Konsequenz: Unser Sohn wird nichts anderes tun, als dieses unerwünschte Verhalten zu lernen und im gleichen Stil zu antworten: »Ja, Mama! Ich komme gleich …!« Diejenigen von Ihnen, die Kinder haben, ahnen, dass das »Ich komme gleich« Stunden dauern kann. Stellt sich die Frage: Wie kann ich das ändern? Tatsache ist: Ich ertappe mich immer wieder dabei. Manchmal rufe ich sogar: »Sohnemann, wenn du etwas von mir willst, dann komm gefälligst in das Zimmer, in welchem ich gerade bin, und sage es mir in einer normalen Lautstärke.« Psychologen würden sagen: Toll, der erste Schritt ist getan! Aus der unbewussten Inkompetenz wurde eine bewusste Inkompetenz. Oder anders ausgedrückt: Jetzt weißt du wenigstens, dass du es falsch machst! Ehrlich gesagt? Das fühlt sich auch nicht viel besser an, eher sogar noch schlimmer: Kaum auszuhalten, wenn ich mich selbst beim Brüllen ertappe.

Ein ganz einfaches, aber gut nachvollziehbares Modell für Veränderungsprozesse ist das der sogenannten Kompetenzstufen. Eigentlich ist es eher die Abfolge von insgesamt vier Kompetenzzuständen.

1. Unbewusste Inkompetenz
Auf dieser Stufe tun Sie etwas, was falsch ist. Das Problem: Sie wissen nicht, dass es falsch ist, oder es ist Ihnen gar nicht bewusst, dass Sie überhaupt etwas tun. Mir war tatsächlich nicht bewusst, dass ich über alle Zimmer hinweg meinen Sohn rufe. Wie gesagt: Eigentlich müsste ich es als Psychologin besser wissen. Manche Eltern tun es, weil sie es nicht anders kennen. Woher auch? Sie haben es entweder so von ihren Eltern gelernt oder tun es einfach, weil es scheinbar wenig Aufwand benötigt. Auf dieser Stufe finden sich im Übrigen alle Verhaltensweisen des Dunning-Kruger-Effekts wieder.

2. Bewusste Inkompetenz
Auf dieser Stufe wissen Sie etwas, wovon Sie bis eben noch nichts gewusst haben. Für mich persönlich ist dieser Zustand kaum auszuhalten. Wie oft ertappe ich mich dabei, wie ich – trotzdem ich es besser weiß – nach meinem Sohn über alle Zimmer hinweg rufe. Oder ihm auf diese Distanz antworte, wenn er nach mir ruft. Wie doof bin ich eigentlich? Aber immer schön die 22 Meter gehen? Na ja, das würde zumindest auf

meinen Abnehmen-Wunsch förderlich wirken. Wer von Ihnen Übergewicht hat beziehungsweise schon einmal abnehmen wollte, der weiß genau, was »bewusste Inkompetenz« bedeutet. Sie wissen, was zum Übergewicht führt, und es ist Ihnen außerdem klar, dass Bewegung ein Schlüssel zum Erfolg ist. Und trotzdem ändern Sie Ihr Verhalten nicht. Shit!

3. Bewusste Kompetenz
Auf dieser Stufe beginnen wir, zu lernen und langsam zu verändern. Sie verstehen und wissen, wie Sie es anpacken müssen, um Ihr Ziel zu erreichen. Es gibt erste Erfolge, aber es ist irgendwie ungewohnt und manchmal echt zeitaufwendig. Bewusste Prozesse benötigen eine hohe Konzentration, Automatismen gehen leichter. Deswegen heißt es: Üben – üben – üben. Wegen unserer Zurufthematik auf unserer Bobby-Car-Rennstrecke habe ich mit meinem Sohn darüber gesprochen, dass ich gerne wieder aus diesem Verhalten herausmöchte. Weil es mich nervt. Und Papa auch. Und ihn wahrscheinlich auch. Gemeinsam haben wir überlegt, was wir anders machen können. Er meinte, dass er sich beim nächsten Mal direkt aufmachen würde, wenn ich rufe. Und ich erwiderte, dass auch ich zu ihm kommen werde, wenn ich etwas von ihm will. Na ja, ich gebe es zu. Manchmal klappt es. Meistens erfülle ich meinen Teil der Abmachung. Nur sein Teil lässt noch ziemlich zu wünschen übrig. Vielleicht gehört das aber zum Kindsein dazu. Mit dem Mittagessen fangen wir übrigens inzwischen einfach ohne ihn an. Zumindest manchmal. Na ja, nicht wirklich oft.

4. Unbewusste Kompetenz
Auf dieser Stufe machen Sie es richtig, und das Coole ist: Sie denken überhaupt nicht mehr darüber nach. Sie tun es einfach. Sie haben viel praktische Erfahrung gesammelt, trainiert oder geübt, und das richtige Verhalten ist Ihnen in Fleisch und Blut übergegangen. Davon sind wir mit unserer Bobby-Car-Rennstrecken-Zuruf-Thematik leider noch weit entfernt. Aber wir sind immerhin auf dem Weg!

Persönlich versuche ich immer, die Menschen relativ rasch auf die Stufe der bewussten Inkompetenz zu heben. Dann wissen sie wenigstens, dass etwas nicht gut läuft. Von hier aus können wir gut arbeiten.

D · Z · U – die Leitformel für Veränderung. Eine pragmatische Orientierung.

Sicherlich sind Sie langsam ungeduldig und fragen sich, was Sie tun müssen, um in Bewegung zu kommen? Was braucht es für den Weg von der bewussten Inkompetenz zur bewussten Kompetenz? Meine Antwort ist fürs Erste ziemlich abstrakt, es braucht nur drei Buchstaben: ein D, ein Z und ein U. Mehr nicht.

D steht für Dringlichkeit, Z für Ziele und U für Umsetzung. Oder als Formel ausgedrückt: **Veränderung = D · Z · U**

Sicherlich schlagen nun viele meiner Psychologenkollegen die Hände über dem Kopf zusammen – falls sie überhaupt dieses Buch lesen. Und ich nicke ihnen zu und sage: »Ja, ich weiß! Es ist stark vereinfacht!« Die Leitformel für Veränderung erhebt auch keinen Anspruch, vor irgendeiner Krankenkasse als Therapie anerkannt zu werden. Oder irgendeinen Management Award zu erhalten. Menschen in Veränderungsprozessen brauchen keine Wissenschaft, sie brauchen Nachvollziehbarkeit und umsetzbaren Pragmatismus. Eine Orientierung, die sie Schritt für Schritt durch ihren eigenen Entwicklungsprozess führt. Das können scheinbar kleine Dinge sein, wie zum Beispiel das längst überfällige Aufräumen der Garage. Wobei genau dieses bei einem meiner Kunden – als sich der Nebel lichtete – dafür stand, sich endlich trotz aller Skepsis und Ermahnungen der Ehefrau einen neuen Flitzer zuzulegen. Oder größere Dinge, wie zum Beispiel das Lernen des Dudelsackspiels oder das Abnehmen von 20 Kilo Übergewicht. Oder die ganz großen Dinge wie der Beginn eines neuen Lebensabschnitts.

Mutig sein in der Mitte des Lebens.

Ich weiß nicht, was Ihre Motivation ist. Keine Ahnung, welchen Vorsatz Sie endlich umsetzen würden. Welche Sehnsucht Sie in sich tragen, die nach Veränderung ruft. D – Z – U, das sind weit mehr als drei Buchstaben des Alphabets. Hinter jedem Buchstaben finden sich Themengebiete, die einen starken Einfluss auf Ihren Veränderungswunsch haben. Für diese Themengebiete möchte ich Sie in den kommenden Kapiteln gerne sensibilisieren. Sensibilisieren für Bereiche, an deren Einfluss Sie so vielleicht noch nie gedacht haben. Sie wissen schon, welcher Begriff nun kommen muss. Genau! Unbewusste Inkompetenz! Inzwischen hört sich diese Wortschöpfung schon gar nicht mehr so schrecklich an, oder?

Was steckt also hinter den einzelnen Buchstaben D, Z, U? Da dies einige tiefer greifende Gedanken benötigt, gebe ich

Ihnen an dieser Stelle einen einführenden Blick. Mehr braucht es auch nicht, wenn ein Kunde vor mir sitzt und ich ihn in die Geheimnisse der Psychologie – meinem Arbeitsverständnis von Veränderung – einweihe.

D wie Dringlichkeit spüren.

Vereinfacht gesagt: Wer nicht die Dringlichkeit in sich spürt, etwas in seiner Arbeitsweise beziehungsweise in seinem Leben zu verändern, wird es auch nicht tun. Dringlichkeit ist allerdings mehr als Leidensdruck. Dringlichkeit ist nichts, was nur im Kopf stattfindet. Dringlichkeit ist ein Gefühl, ein innerer Satz, der – wenn er Worte finden würde – etwa wie folgt lauten könnte: Ich will das jetzt nicht mehr. Ich möchte das jetzt anders machen. Ich will endlich …

Wenn ich mit Menschen auf die gefühlte oder eben nicht gefühlte Dringlichkeit schaue, so stelle ich Fragen zu den folgenden drei Einflussfaktoren.

1. *Ehrlichkeit:* Wie ehrlich sind Sie zu sich selbst? Was würde passieren, wenn Sie Farbe bekennen würden?
2. *Herkunft:* Woher kommen Sie? Welchen Einfluss hat Ihre Herkunftsfamilie?
3. *Impuls:* Was müsste passieren, damit Sie in Bewegung kommen? Wie sieht er aus – der eine einzige richtige Veränderungsimpuls?

Ohne Dringlichkeit keine Veränderung. Auch wenn man Ziele hat und versucht, sie umzusetzen.

Z wie Ziele klären.

Wie heißt es so schön? »Ohne Ziel ist jeder Schuss ein Treffer!« Bingo! Wie eine wilde Horde laufen die Menschen durch den Alltag, ohne eigentlich zu wissen, wohin. Sie haben sich nie mit den nächsten Zielen auseinandergesetzt. Was kommt, nachdem »mein Beruf – mein Haus – meine Familie« erreicht wurde? Ein vages Ziel: die Rente. Oder der nächste Urlaub. Der Alltag plätschert so vor sich hin. Und schwuppdiwupp ist das nächste Jahr da. Man müsste, sollte, könnte! Frau Konjunktiv hat Hochkonjunktur. Eine andere Facette dieser Dimension: Wie oft haben Sie sich schon Ziele gesteckt und sie nicht erreicht? Darin sind wir zweifellos extrem gut – sich Ziele zu stecken und sie nicht zu erreichen. Irgendwas scheint da schiefzulaufen. Wenn ich mit Menschen in die Dimension der Ziele blicke, dann verbringen wir Zeit mit der intensiven Betrachtung folgender Einflussfaktoren:

1. *Ziele und Handlungsalternativen:* Wie sieht dein Ziel aus? Was tust du, um es zu erreichen? Und wie genau sieht dann das neue Verhalten aus?
2. *Gefahrenquellen:* Was könnte dich zu Fall bringen? Welche Gefahren lauern auf dem Weg? Wie gehst du mit ihnen um? Wie bereitest du dich auf sie vor?

Ohne Ziele keine Veränderung. Zumindest keine sinnhafte, auch wenn man die Dringlichkeit in sich spürt und man permanent irgendetwas am Umsetzen ist. Irgendetwas halt – nur nicht das, wonach unser Herz ruft. Ach, wenn der Nebel sich nur lichten würde!

U wie Umsetzung.

Diese Situation kennen Sie sicherlich auch. Sie stehen da und wissen alles. Sie wissen, was Sie tun müssten und wie alles zusammenhängt, und kommen trotzdem nicht in die Pötte. Irgendetwas hält Sie zurück. Als ob Sie am Boden mit einem dicken Nagel festgenagelt wären. Oder Sie verschieben es auf den kommenden Montag oder den Montag danach oder den danach. Wie können Menschen in die Umsetzung kommen? Was braucht es? In dieser Dimension schaue ich auf folgende Einflussfaktoren.

1. *Hüter der Schwelle:* Wer oder was hält mich zurück und was brauche ich, um loszugehen?
2. *Tun!* Wie komme ich rasch in eine neue Gewohnheit? Was tue ich, wenn es einen Rückfall gibt?

Eigentlich eine ganz einfache Leitformel, finden Sie nicht auch? Ein D, ein Z und ein U. Mehr braucht es nicht. Aber ganz so einfach, wie sie scheint, ist sie doch nicht, die Leitformel für Veränderung. Die einzelnen Dimensionen sind nämlich ein Produkt. Veränderung = D · Z · U. Inzwischen wissen Sie ja, dass ich in Mathe keine große Leuchte war, aber selbst mir ist geläufig, dass man – wenn man etwas mit null multipliziert – null herausbekommt.

- Dringlichkeit und Ziele da? Keine Zeit für Umsetzung? Keine Veränderung!
- Dringlichkeit da und permanent in (irgendeiner) Umsetzung? Aber kein wirkliches Ziel? Die Energie verpufft! Ohne

Ziel ist jeder Schuss ein Treffer! Aber vielleicht sind Sie damit glücklich!?
- Ziele da? Eventuell wurden Ihnen diese von jemandem vorgegeben? Umsetzung möglich? Aber Sie spüren keine Dringlichkeit? Regression und Rückfall vorprogrammiert!

Diese Leitformel gibt in den komplexen Situationen, die Veränderungen mit sich bringen, eine klare und vor allem einfache Orientierung. Einer meiner Kunden sagte vor nicht allzu langer Zeit zu mir: »Frau Köhler, immer wenn ich auf ein Veränderungsthema bei mir im Unternehmen stoße und merke, dass es nicht vorangeht, wie es eigentlich sollte, dann habe ich Ihre D-Z-U-Formel in meinem Kopf. Spürt der Mitarbeiter die Dringlichkeit? Kennt er das Ziel mitsamt möglicher Gefahrenquellen? Kommt er in die Umsetzung? Und schon habe ich eine Idee, was ich als Geschäftsführer tun kann.«

Ein kleines Experiment zum Schluss dieses Kapitels.

Wenn ich den Menschen mir gegenüber diese kleine Einweisung in die Psychologie der Veränderung gegeben habe und über unbewusste und bewusste Kompetenz sowie über die Leitformel **Veränderung = D · Z · U** gesprochen habe, mache ich meistens ein kurzes Experiment. Ich möchte damit verdeutlichen, wie Verhaltensänderung funktioniert. Ich leite das Experiment meistens ziemlich theatralisch ein. Zumindest dann, wenn ich vor großem Publikum stehe. Ich senke meine Stimme und schaue den Menschen direkt in die Augen. »Ich werde

Ihnen gleich eine Frage stellen, und ich möchte, dass Sie diese, ohne lange nachzudenken, beantworten!« Pause. Durchdringender Blick. Psychologenblick. Und dann, dann kommt sie, die Frage. Und keiner rechnet mit ihr, denn ich stelle sie mit heiterer, fast belustigter Stimme: »Mit welchem Bein steigen Sie morgens zuerst in die Hose?«

Oft muss ich aufpassen, dass ich nicht anfange, zu lachen. Wenn verdatterte Gesichter auf Gehirne stoßen, die krampfhaft versuchen, sich zu erinnern, mit welchem Bein sie in die Hose einsteigen, dann entbehrt dies nicht einer gewissen Komik. Genau der Moment, bei dem ich gut darauf achten muss, nicht als überheblich und abwertend wahrgenommen zu werden. Mancher könnte ein psychologisches Spielchen meinerseits vermuten. Aber dem ist nicht so.

Es ist eine ehrlich gemeinte Frage. Mit welchem Bein steigen Sie morgens in die Hose? Und dann folgen sehr zügig folgende Fragen: Wer steigt rechts ein? Wer links? Wer weiß es nicht? – Kurze Pause – Gibt es jemanden, der mit beiden Beinen gleichzeitig einsteigt? Gelächter. Dann bitte ich die Menschen, die Augen zu schließen und sich zu erinnern. An den heutigen Morgen. An jenen Augenblick, in dem sie die Hose in ihre Hände nahmen, um sich anzuziehen. Die Erinnerung fällt übrigens leichter, wenn man etwas konkret macht – daher bitte ich die Zuhörer, die Bewegungen des Einsteigens körperlich auszuführen. So zu tun, als ob.

Und dann stelle ich nochmals Fragen und bitte um Handzeichen. Wer steigt immer noch rechts ein? Wer immer noch links? Wer macht es anders, als er beim ersten Mal gesagt hat? Wer, der vorher keine Ahnung hatte, weiß es jetzt? Wer weiß es immer noch nicht? Viele bestätigen ihre erste Aussage. Aber es gibt immer jemanden im Publikum, der mit verblüfftem Gesichtsausdruck gesteht, dass er es anders macht, als er gedacht hat. Und dann gibt es auch die Fraktion, die weiterhin keinen Plan hat, wie sie es eigentlich tut.

Und dann stelle ich den Zuhörern eine Aufgabe. »Bitte steigen Sie ab morgen mit dem anderen Bein in die Hose!« Gelächter auf der einen Seite, Stirnrunzeln auf der anderen Seite und irgendwo dazwischen aufmerksame Gesichter. Und dann prognostiziere ich folgende Gruppen von Verhaltensreaktionen:

1. Ein Teil nimmt es sich vor und es klappt. Meistens aufgrund einer Post-it-Erinnerung. Aber immer mit gewissen Mühen und deutlich langsamer und umständlicher, als wenn sie wie üblich einsteigen würden. Einmal habe ich nach einem meiner Veränderungsvorträge am nächsten Tag eine Mail bekommen: »Aufgabe erfolgreich umgesetzt. Hosenladen hinten. Bein gebrochen!«
2. Ein zweiter Teil der Zuhörer nimmt es sich ebenfalls vor, vergisst es aber. Am nächsten Morgen begegnen sie einem Kollegen, der ebenfalls bei meinem Vortrag war, und dieser fragt: Und wie sieht's aus? Hat's bei dir geklappt? Bist du auch mit dem anderen Bein in die Hose gestiegen? Reaktion: »Aaaaaaaaaaah, neee! Vergessen! Dabei wollte ich es doch unbedingt ausprobieren!«
3. Dann gibt es die Gruppe der Ablehner. Diejenigen, die laut verbal oder zumindest mit ihrer kompletten Mimik sagen: »Welcher Schwachsinn! Warum sollte ich das tun?« Ja, ich gebe es zu – das Beispiel ist vielleicht Schwachsinn –, weil es überhaupt keinen Sinn ergibt, ab morgen mit dem anderen

Bein in die Hose einzusteigen. Das Hosenexperiment ist lediglich die Demonstration dessen, was in menschlichen Veränderungsprozessen geschehen kann. Nicht mehr und nicht weniger.
4. Und dann gibt es noch die Gruppe derjenigen, die zustimmend nicken und sagen, sie würden es tun. Es aber gleichzeitig niemals vorhaben. Aus welchen Gründen auch immer. Diese Gruppe finde ich für Veränderungsvorhaben in Unternehmen am gefährlichsten.

Das Hosenexperiment zeigt: <u>Es fällt den meisten Menschen schwer, zu sagen, wie sie etwas tun.</u> Selbst dann, wenn sie es mehrfach täglich tun. Und wenn sich Menschen eine Veränderung vornehmen, einen Vorsatz fassen, vergessen sie ihn oft. Oder er ist nur mühsam umsetzbar. Rückfall vorprogrammiert.

Eine der Hauptursachen dafür, dass sich Menschen nicht entwickeln, liegt in der Tendenz, die eigenen Defizite nicht wahrzunehmen. Sie entweder einfach nicht zu erkennen oder nicht erkennen zu wollen. Aus welchen Gründen auch immer. Und so kommt es, dass ich in meiner Rolle als Prozessbegleiterin einen Großteil der Energie erst mal in die Bewusstmachung »Wie mache ich es eigentlich?« und anschließend in die Reflexion »Warum mache ich das so? Woher kommt das? Und ist das überhaupt richtig?« stecke. Und wenn es nicht richtig ist und ich es gerne anders hätte, was muss ich tun, um es zu ändern. Um mich zu verändern? Um neue Wege zu gehen?

In der Mitte meines Lebens.

In bester Gesellschaft
Was sind das eigentlich für Menschen, die Dudelsack spielen? Es ist ein bunter Blumenstrauß, ein Querschnitt durch die Gesellschaft. Egal ob alt oder jung, ob Rechtsanwalt, Verleger, Werkzeugmacher, Krankenpfleger, Bürokauffrau oder Psychologin, mit vielen oder mit wenigen musikalischen Vorkenntnissen – jeder kann das Instrument lernen.

Kapitel 3

D WIE DRINGLICHKEIT SPÜREN. WARUM MAN DEN DUDELSACK ZUM ERZÄHLEN BRINGEN SOLL!

»Der größte Einfluss auf unser Verhalten findet sich in unserer Herkunft. Wer sich traut, vorwärts in die Vergangenheit einzutauchen, wird Antworten finden.«

Drones – Brummtöne, die dringend wichtig sind
Charakteristisch für den Dudelsack sind die Bordunpfeifen, im Englischen Drones genannt. Sie geben einen gleichbleibenden Dauerton von sich und sind eine Art Dauerbegleitung für die Melodiepfeife. Auch wenn der Chanter beim Dudelsack der Hauptdarsteller zu sein scheint, ist er nichts ohne die Drones. Aber die Drones sind auch nichts ohne einen Chanter. Sie brauchen sich gegenseitig, um gut zu klingen. Die Great Highland Bagpipe hat insgesamt drei Bordunpfeifen: eine Bass-Drone und zwei Tenor-Drones. In den Drones befinden sich Einfachrohrblätter, die für den typischen Ton verantwortlich sind und Einfluss auf das Gesamtklangbild nehmen.

Sitzplatz 24A – ein denkwürdiger Flug von Stuttgart nach Hamburg.

Es gibt Momente im Leben, die uns zur sofortigen Verhaltensänderung bewegen. Dauerhaft. Ohne Wenn und Aber. Ohne dass ich mich intensiv mit einem D, mit einem Z und mit einem U auseinandersetzen müsste. Kennen Sie den Hamburger Flughafen? Schon mal dort gewesen? Für mich persönlich ist er das Symbol schlechthin für sofortige Verhaltensänderung.

In meinem Job bin ich viel unterwegs. Oft auch mit dem Flugzeug. Und wie könnte es anders sein? Als sparsame Schwäbin suche ich mir meist günstige Flüge. So auch im Sommer 2014, als ich für drei Tage nach Hamburg flog. Ich hatte dort einen Auftrag und wollte noch zwei Tage dranhängen, um Freunde in Lüneburg zu besuchen. Sommer, schönes Wetter, leichte Kleidung – also nur kleines Handgepäck. Ich brauchte ja nicht viel. Ich bin kein Handtaschentyp und trage meistens alles, was ich brauche, in meiner Jackentasche. Als am Stuttgarter Flughafen die Aufforderung zum Check-in für den Flieger nach Hamburg kam, schmiss ich kurzerhand meine Jacke samt Handy und Geldbeutel in den Handgepäckkoffer. Brauche ich ja nicht an Bord. Platz 24A – ganz hinten. Sie kennen sicherlich diese Einsteigsituationen im Flugzeug. Nach und nach schieben sich die Leute durch den Mittelgang und verstauen ihr Handgepäck über ihrer Sitzreihe. Bis ich am Ende des Flugzeugs bei Platz 24A ankam, war zwar noch mein Sitzplatz frei, die Ablageflächen über mir waren jedoch komplett belegt. Alles vollgestopft bis oben hin. Kein Platz mehr – weder für meinen kleinen Koffer noch für ein Blatt Papier. Ich fragte das Kabinenpersonal, wohin ich mit meinem Trolley solle. Die Antwort: »Jetzt warten

Sie einfach, bis alle sitzen, und dann gehen Sie ganz nach vorne. Dort gibt es sicherlich eine Möglichkeit.« Gesagt, getan. Und es stimmte tatsächlich. Als ich von Platz 24A meinen Koffer nach vorne schleppte, gab es tatsächlich ein Plätzchen. Ich verstaute ihn in der oberen Ladefläche und ging brav den Weg wieder zurück. Zu Platz 24A. Es folgte eine Stunde ruhiger Flug, in welcher ich vor mich hindöste. Gegen zwölf Uhr landeten wir in Hamburg. Auch diese Situation ist Ihnen sicherlich bekannt: Kaum gelandet, stehen alle gleichzeitig auf und der Gang ist verstopft. Ich hatte keine Eile, also blieb ich relativ lange sitzen und ging dann entspannt den Weg nach vorne, um meinen Koffer aus der Handgepäckbox zu holen.

Schock! Nichts mehr da. Kein Koffer weit und breit. Leere. Ich wandte mich an das Kabinenpersonal, das mir zum Abschied ein rotes Herz aus Schokolade anbot, und sagte: »Mein Koffer ist weg!« Antwort: »Das kann nicht sein!« Ich: »Doch, schauen Sie selbst! Nichts mehr da!« Antwort: »Oh, dann laufen Sie mal schnell den anderen hinterher, vielleicht finden Sie Ihren Koffer!« Ich – zack – raus. Wissen Sie, wie viele schwarze Trolleys es gibt? Keine Chance. Was nun? Ich ging zur Stelle für gestrandetes Gepäck. Dort verwies man mich zur Verluststelle. Hinter dem Tresen saßen zwei nette Damen, denen ich sagte, dass mein Koffer aus dem Flieger verschwunden sei. Reaktion: »Das kann nicht sein!« Ich: »Doch!« Antwort: »Der ist bestimmt verwechselt worden!« Ich: »Dann wäre ja ein anderer Koffer übrig geblieben!« Schweigen. Betroffenheit. Ich sagte den zwei Damen, dass ich, außer dem, was ich gerade am Leib tragen würde, nichts mehr hätte. Keinen Koffer. Keine Kleidung. Selbst mein Geldbeutel samt Ausweis. Alles weg! Was nun? Tränen stiegen mir in die Augen. Zwei weitere Frauen hinter dem Tresen erkannten die Situation und kamen hinzu. Nun standen vier Frauen vor mir und schauten mich mitfühlend an. Die eine fragte mich: »Haben eigentlich Sie den Koffer in das Fach für das Handgepäck gelegt oder das Kabinenpersonal?« Meine Antwort: »Selbstverständlich ich. Selbst ist die Frau!« Reaktion: »Oh, in dem Fall ist Ihr Gepäck nicht einmal versichert!« Ich: »Warum das denn?« Antwort: »Richtlinie. Es könnte ja dann jeder kommen und behaupten, er hätte irgendetwas oben reingelegt.« Stille meinerseits. Tränen der Hilflosigkeit. Die Frauen litten mit mir. Das Funkmikrofon der einen Dame knackste.

Plötzlich Aufregung. Herrenloser Kofferfund und Auslösung der entsprechenden Bombenroutine. Ein Sprengstoffspürhund wurde bereits eingesetzt, ohne allerdings anzuschlagen. Also keine kontrollierte Sprengung. Ich mache es mal kurz, Sie können es sich denken. Es handelte sich um meinen Koffer. Irgendein »Depp« hatte ihn aus dem Flugzeug mitgenommen und unterwegs wohl festgestellt: »Hey, ich habe ja gar keinen Koffer gehabt!« Und dann hat er vor Schreck den Koffer stehen lassen. Es hat übrigens nichts gefehlt, alles war noch da. Die Krönung der Geschichte: Können Sie sich vorstellen, wie teuer so ein Bombeneinsatz ist? Mein Glück: Ich hatte *vor* Auslösung des Alarms den Verlust meines Koffers gemeldet. Seither bin ich ziemlich neurotisch, was mein Handgepäck angeht. Entweder ich kann es in Sichtweite meines Sitzplatzes verstauen oder ich fordere das Kabinenpersonal auf, es für mich zu tun. Ohne »Wenn und Aber«, nichts mehr von »Selbst ist die Frau«!

Wann wird aus einem Moment ein denkwürdiger Moment und aus einem denkwürdigen Moment ein Moment, der in Bewegung bringt?

Welcher Schlüsselmoment! Für mich wird er unter dem Titel »Platz 24A« in die Annalen eingehen. Schlüsselmomente sind von ihrer Umsetzungskraft weit mehr als denkwürdige Momente. Genau genommen lassen uns Schlüsselmomente keine Chance und bringen, ja zwingen uns sogar in die Veränderung. Ob wir wollen oder nicht. Ob wir es gut finden oder nicht. Auch wenn das Wort in der Regel positiv besetzt ist, Schlüsselmomente lassen uns keine Wahl. Sie drehen halt den Schlüssel um.

Denkwürdige Momente hingegen können uns in Veränderung bringen, sie müssen es aber nicht zwangsläufig. Wenn wir uns für sie Zeit nehmen und in aller Bewusstheit und Ehrlichkeit über sie und ihre Bedeutung für uns und unser Leben nachdenken, haben denkwürdige Momente potenziell die Kraft, uns in Bewegung zu bringen. Wie der Moment damals, als mich das Erlebnis am William Wallace Monument in der Nähe von Stirling dazu brachte, endlich mit dem Dudelsackspielen anzufangen. Denkwürdige Momente ermöglichen uns, dass wir bewusst in einen Veränderungsprozess einsteigen. Damit die durch einen solchen Moment angestoßenen Gedanken nicht unkontrolliert kreuz und quer in unserem Köpflein herumflitzen und sich irgendwo müde laufen, ist es hilfreich, sich strukturiert mit der Bedeutung für einen selbst zu befassen. Und auch wenn es keinen denkwürdigen Moment gab, sondern tatsächlich eine Veränderung ansteht oder es in Ihnen eine Sehnsucht gibt, die nach Veränderung ruft, so unterstützt Sie die Leitformel für Veränderung im Prozess. Veränderung = D · Z · U.

Lassen Sie uns einen Blick auf D wie Dringlichkeit werfen. Diese begründet sich für mich aus

(1) der Ehrlichkeit zu sich selbst,
(2) unserer Herkunft und der unserer Eltern und Großeltern sowie
(3) dem eigentlichen Bewegungsimpuls. Ohne gefühlte Dringlichkeit keine Veränderung. Zumindest keine nachhaltige.

Erster Dringlichkeitsfaktor: Farbe bekennen – ehrlich zu sich selbst sein!

Wenn ich über meine vielen Lügen in meinem Leben nachdenke, werde ich traurig. Ich meine damit nicht die Lügen, die dazu dienten, meine Haut aus brenzligen Situationen zu retten oder um mich vermeintlich wichtiger zu machen, als ich es bin. Ich meine die Lügen, mit denen ich nur einem einzigen Menschen geschadet habe. Nämlich mir selbst.

Was liegt näher, als an dieser Stelle mein Übergewicht zu thematisieren? Selbst bei meinem krönenden Höhepunkt von über 150 Kilo habe ich mit voller Überzeugung hinausposaunt, dass ich mich in meiner Haut wohlfühle. »Ich habe einen wunderbaren Mann, ein wunderhübsches Kind, keinerlei gesundheitliche Beschwerden, tolle Freunde, großartige Kunden und bekomme schöne Kleidung. Warum sollte ich mich nicht wohl in meiner Haut fühlen?« Wie mächtig doch diese beschissene kognitive Dissonanz ist. Wenn ich heute zurückdenke, bin ich überzeugt, dass ich meinen Ausführungen tatsächlich felsenfest geglaubt habe. Na gut – je nachdem, was gerade anstand, mal mehr oder mal weniger.

Irgendwann habe ich mich doch auf den Weg in ein schlankeres Leben gemacht. Der denkwürdige Moment für den Einstieg in das Abnehmen von fast 60 Kilo war die Frage einer Frau: »Was glauben Sie, wie alt Ihr Sohn sein wird, wenn Sie sterben, weil Sie sich zu Tode gefressen haben?« Die Frau fragte mich in Wirklichkeit zwar etwas ganz anderes. Aber das war die Frage, die ich für mich heraus- beziehungsweise hineinhörte. Meine Antwort: »Er wird keine zehn Jahre alt sein, wenn ich wegen meiner Fettsucht sterbe!«

Wahrscheinlich wird der eine oder die andere von Ihnen jetzt denken: »Ist doch klar! Das hätte ich Ihnen auch sagen können!« Der Unterschied, der den Unterschied zu ihren Worten macht, ist: Ich habe es in mir gefühlt. Ich habe den Schmerz und die Traurigkeit in mir gefühlt. Abgrundtief. Und dann ging ich los. Einfach so. Fast jeden Tag ging ich hinaus an die frische Luft zum Walken. Und mit jedem Kilo weniger spürte ich, wie gut mir das schmelzende Gewicht tat und wie wohl ich mich in meiner Haut fühlte. Und was für tolle Kleider ich plötzlich tragen konnte. Endlich keine verhüllenden Kutten mehr, auch wenn sie schön waren. Wenn ich heute Fotos von meinen Kampfgewichtzeiten sehe, bin ich entsetzt und wie gesagt traurig. Traurig darüber, dass ich mich – obwohl ich Psychologin bin – nicht vor mir selbst schützen konnte. Und wissen Sie was? Ich kann es immer noch nicht. Fast 25 Kilo habe ich wieder zugenommen. Und bleiben Sie mir jetzt bloß weg mit dem »Ja! Ja! Der Jo-Jo-Effekt!« Solche Aussagen machen mich wütend. Sie sind überflüssig wie ein Kropf. Meines Erachtens programmieren sie einen Rückfall vor. Ja, es stimmt, ich finde derzeit nur schwer den Einstieg, mich zu bewegen. Aber zumindest suche ich ihn, jeden Tag aufs Neue, ganz bewusst. Vielleicht muss ich für mich akzeptieren, dass ich in meinem Leben immer ein Problem mit dem Gewicht haben werde. Aber ich werde nicht akzeptieren, dass ich mich noch einmal in Sachen Gewicht selbst anlüge. Ich weiß, dass ich mich mit meinen zu vielen Kilos nicht wohl in meiner Haut fühle. Ich weiß, dass ich zu viel nasche und mich zu wenig bewege. Ich weiß, dass mein »Gerade ist so viel zu tun!« eine Ausrede ist. Ich weiß, dass ich Angst davor habe, an den Spätfolgen von Übergewicht zu erkranken. Große Angst sogar. Aus der unbewussten Inkompetenz wurde eine bewusste Inkompetenz. Aber es ist halt so – derzeit hält mich etwas zurück. Ich finde keine Antwort in mir, warum das so ist. Aber ich spüre die Dringlichkeit, mich wieder dranzumachen. Deutlich sogar.

Damals am William Wallace Monument nahm ich mir vor, mich direkt nach meiner Rückreise nach Deutschland darum zu kümmern, Dudelsack zu lernen. Wie sollte es anders sein? Es dauerte über ein halbes Jahr, bis ich tatsächlich damit begann. Meine Internetrecherchen waren eher ernüchternd, sogar abschreckend. Überall las ich das Gleiche. Es braucht sehr, sehr lange, bis man Dudelsack spielen kann. Das Üben ist extrem zeitintensiv und das Instrument ziemlich teuer. Außerdem gab es in meiner Region weit und breit keinen Dudelsacklehrer.

»Ist mir mein Dudelsackwunsch es wert, viel Zeit und Geld zu investieren?« Wie gesagt, es dauerte über ein halbes Jahr, bis ich mir auf diese Frage eine ehrliche Antwort geben konnte. »Ja, aber nicht der Wunsch, sondern ich bin es mir wert!« Und eine leise weitere Antwort drang durch den Nebel der Unehrlichkeit zu mir vor: Und ja, ich nehme es in Kauf, dass mir mein Mann – aber vor allem auch meine Eltern – für diese große Investition eventuell nicht die Absolution erteilen werden! Schon spannend. Da verdient Frau seit vielen Jahren ihr eigenes Geld und macht sich trotzdem Gedanken darüber, was Ehemann und Eltern dazu sagen könnten. Mehr noch: Sie lässt sich fast von ihrem Wunsch abbringen. Ich bin davon überzeugt, dass viele von uns ihre Veränderungsvorhaben nicht umsetzen, weil sie in Wirklichkeit glauben, dass ihre Eltern nicht damit einverstanden sein könnten. Und das, obwohl wir schon viele Jahre erwachsen sind und wie gesagt in der Mitte unseres Lebens stehen.

Kennen Sie das? Dass Sie Entscheidungsfindungen davon abhängig machen, ob Ihre Eltern diese gutheißen oder ablehnen? »Du musst wissen, was du tust! Schließlich bist du erwachsen!« Solche Sätze schleudern uns direkt in die Gefühlswelt des Kindseins zurück. Entweder reagieren wir trotzig und setzen unser Vorhaben aus Trotz heraus um. Latent gefolgt von einem kleinen Schuldgefühl. Oder wir sind folgsam und hören auf die Botschaft hinter diesem Satz: »Wir finden das überflüssig und Verschwendung!« und nehmen daher Abschied von unserem Vorhaben. Übrigens: Bei meinem Mann wusste ich instinktiv, dass er meinen Dudelsackwunsch in Ordnung finden würde. Schließlich hat er selbst eine in meinen Augen sündhaft teure Leidenschaft: Radfahren. Und wir sprechen nicht von einem Rad. Zeitweise lebe ich mit sieben Rädern unter einem Dach. Schließlich können die guten Teile nicht in der Garage frieren.

»Was ist, wenn du keine Zeit mehr hast?« Genau diese Frage stellte ich einer befreundeten Trainerkollegin. Erst viele Wochen später erfuhr ich von ihr, dass es genau diese Worte waren, die sie dazu bewogen hatten, endlich mutig ihren Veränderungswunsch anzugehen. Die Frage nach der eigenen Identität stellt sich umso deutlicher, je älter wir werden.

Woher kommst du?

Wo sind deine Wurzeln?

Wer waren deine Eltern?

Wo findet sich deine Familie in dir wieder? Und wo nicht?

Meine Trainerkollegin war auf der Suche nach ihrem leiblichen Vater und hatte ihn in Italien ausfindig gemacht. Viele Jahre kannte und glaubte sie nur die offizielle Geschichte, dass ihr Vater sich noch vor ihrer Geburt aus dem Staub gemacht hätte. Eine innere Sehnsucht trieb sie zur Suche. Und irgendwann hielt sie seine Adresse in ihren Händen. Wie einen kostbaren Juwel. Doch irgendwie verließ sie der Mut, Kontakt mit ihm aufzunehmen. Er hatte sie schon einmal verlassen, warum sollte er sich jetzt freuen, sie zu sehen? Sie plante zwar eine Reise nach Italien, aber nur, »um mal zu schauen«. Sie wollte noch keinen Kontakt herstellen. Ich höre ihre Worte heute noch: »Nur schauen!« »Warum nur schauen?«, fragte ich. Ihre Antwort: »Ich habe ja noch viel Zeit!« Meine Kollegin fuhr schließlich nach Italien und trat in Kontakt. Ihr Vater war sieben Monate zuvor gestorben, doch alle italienischen Verwandten wussten sofort, wer vor ihnen stand, als sie an der Haustür klingelte. Mit offenen Armen wurde sie aufgenommen und hatte von einer auf die andere Minute eine große neue, ihr unbekannte Familie. »Nein«, er hatte sich nicht aus dem Staub gemacht. Ihre Mutter war 15, als sie schwanger wurde. Er war 16 Jahre alt und beherrschte kaum die deutsche Sprache. Ein Einwandererkind. Er wurde von den Großeltern meiner Kollegin dazu genötigt, zu gehen. Wahrscheinlich hatte er nie im Leben den Mut gefunden, Kontakt zu seinem kleinen Mädchen aufzunehmen. »Was ist, wenn du keine Zeit mehr hast?« Das war der Impuls, damit sie ehrlich zu sich wurde und tief in sich hineinblickte. Und sich eingestand, dass sie in Wirklichkeit Angst vor einer erneuten Rückweisung und vor einer emotionalen Überforderung hatte.

Die Psychologie der Lüge.
Wenn ich Sie in einem meiner Vorträge frage, ob Sie ein ehrlicher Mensch sind, dann würde Ihre Antwort ungefähr wie folgt lauten: »Ja, freilich! Im Großen und Ganzen bin ich eine ehrliche Haut! Und eine Notlüge kennt ja jeder einmal!« Stimmt. Hätte ich mich in meinem Studium auf die Sozialpsychologie spezialisiert, wüsste ich ziemlich alles über das Phänomen der Lüge. So bleibt mir ein rudimentäres Wissen, das aber vollkommen genügt, um andere und sich zu verstehen. Und Verstehen ist eine gute Voraussetzung für Veränderung. Warum also lügen Menschen? Was steckt dahinter?

Wenn man das Internet durchforstet, trifft man oft auf die Zahl 200. So oft soll ein Mensch pro Tag lügen. Gut möglich, dass diese Zahl selbst eine Lüge ist. Es lässt sich nämlich nicht nachvollziehen, woher sie stammt. Sie hält sich indes hartnäckig, ungefähr so wie schottischer Nebel in den Tälern und Lochs der Highlands. Mal wird ein britischer Forscher als Quelle genannt, mal ein amerikanischer Psychologe mit dem zugegebenermaßen wunderschönen schottischen Clannamen Fraser. Manchmal wird er Frazer geschrieben, an anderen Stellen wiederum findet man ihn als Frazier. Niemand kennt ihn, niemand hat ihn bisher gesehen. Fakt ist: Eine wissenschaftliche Studie, ob es 200 Lügen pro Tag sind, gibt es definitiv (noch) nicht.

Die amerikanische Psychologin Bella DePaulo hingegen gibt es tatsächlich, und sie hat herausgefunden, dass jeder Mensch im Schnitt pro Tag zweimal lügt. Und zwar bewusst und voller Absicht. Sie ließ knapp 150 Personen ein Tagebuch über deren Begegnungen mit anderen Menschen führen und sie alle geäußerten kleineren und größeren Unwahrheiten aufschreiben. Heraus kam die Zahl Zwei. Gehen wir einfach mal davon aus, dass die Personen ihr Tagebuch ehrlich geführt haben.

Andere Studien zeigen, dass dann häufiger gelogen wird, wenn man beeindrucken und jemandem gefallen will. Oder wenn Menschen unter Druck stehen und das Gefühl haben, sich rechtfertigen zu müssen. Männlein und Weiblein lügen so ziemlich gleich oft; Frauen lügen eher, wenn es um soziale Themen geht. Außerdem zeigen Studien, dass die Neigung zum Lügen eher von der Situation, und wie diese empfunden wird, abhängt und weniger von der Persönlichkeit des Menschen. Hochstapler mal außen vor gelassen. Der psychologische Fachbegriff für das Verhalten dieser Spezies lautet übrigens *Pseudologia phantastica*. Dabei handelt es sich um eine extreme Form des Lügens, bei welcher es dem Betroffenen in der Hauptsache darum geht, im Mittelpunkt der Aufmerksamkeit zu stehen. Umgangssprachlich wird dieses Phänomen auch *Münchhausen-Syndrom* genannt. Einer der berühmtesten zwanghaften Lügner war Karl May. Nicht nur ich liebte als Kind seine Abenteuergeschichten mit Winnetou und Old Shatterhand. May behauptete, dass er alle Geschichten persönlich erlebt hätte, sogar den Kampf mit dem Grizzlybären und die Blutsbrüderschaft mit einem Indianerhäuptling. Auch wenn wir wissen, dass es nicht stimmt, hat er doch Großartiges mit seiner blühenden Fantasie erschaffen. Vielleicht haben Sie auch Steven Spielbergs Film *Catch me if you can!* mit Leonardo DiCaprio in der Rolle des notorischen Lügners und Hochstaplers Frank Abagnale gesehen? Ich erlaube mir hier, die gleiche Diagnose zu stellen.

Eine dramatische Ausprägung der Lügenerkrankung findet sich im sogenannten *Münchhausen-Stellvertreter-Syndrom*, das in den allermeisten Fällen bei Frauen auftritt. Mütter erfinden Krankheiten bei ihren Kindern oder erzeugen diese bewusst selbst. Nur um anschließend eine medizinische Behandlung auszulösen, bei der sie als liebevolle, treu sorgende Mutter glänzen können. Eine tragische Form der Kindesmisshandlung, die schon häufig zum Tod der kleinen Wesen geführt hat. Obwohl diese spezielle Erkrankung nur sehr selten auftritt, gibt sie der Filmindustrie immer wieder spannenden Stoff für Geschichten. Vielleicht kennen Sie ja den Film *The Sixth Sense* mit Bruce Willis in der Hauptrolle? Ein Handlungsstrang im Film zeigt das kleine Mädchen Kyra, die von ihrer Mutter mit Gift krank gemacht wird, bis sie qualvoll stirbt.

Nur keine Angst, wenn Sie zu den Münchhausen-Patienten gehören würden, dann wären Sie ein Fall für die Klinische Psychologie und würden höchstwahrscheinlich nicht dieses Buch lesen. Wahrscheinlich gehören Sie – genauso wie ich – nur zur Sorte der Lügner, die sich selbst in die Tasche lügen.

Die Selbstlüge.

Warum belügen wir uns selbst? In der Psychologie geht man davon aus, dass Lügen lebensnotwendig sind. Lügen erhöhen unser Selbstwertgefühl und erleichtern uns den Umgang mit unserer Vergangenheit, Gegenwart, aber auch unserer Zukunft. Wir nutzen die Selbstlüge, um unliebsame Wahrheiten zu verdrängen; das macht das Leben erträglicher. Fakt ist, Sie werden auch höchstwahrscheinlich mit einer Selbsttäuschung einigermaßen gut durch Ihr Leben kommen. Es ist aber fraglich, ob Sie das auf Ihrem Totenbett als gut beurteilen oder eher einer verpassten Chance hinterher trauern werden.

Wie war das noch mal? »Was würde ich tun, wenn ich wüsste, dass morgen mein letzter Tag wäre?« Wahrscheinlich würde ich essenstechnisch noch mal eine Lieblingsspeise zu mir nehmen und auf gar keinen Fall mehr versuchen, Diät zu halten. Das schottische Nationalgericht Haggis hat es mir echt angetan, auch wenn Schafsmagen gefüllt mit Herz, Leber und Lunge, vermischt mit etwas Hafermehl, verständlicherweise nicht jedermanns Sache ist. Wenn ich hingegen wüsste, dass mein Tod morgen aufgrund der Spätfolgen meines Übergewichts wäre, würde ich mir sicherlich wünschen, dass ich mich rechtzeitig zu einer gesundheitsbewussten Lebensführung durchgerungen hätte. »Am Montag fange ich an!« Von wegen! Schon während ich es ausspreche, weiß ich innerlich, dass ich nicht anfangen und mich meiner Übergewichtsthematik stellen werde. Es gibt noch einen Montag und noch einen. Mit dem Witz »Ich habe nicht gesagt, welcher Montag!« rettet sich so mancher aus dieser Situation. Aber nur vermeintlich. Wann und wo lügen Sie sich in die Tasche? Aber Vorsicht! Wie heißt es so schön? »Lügen haben kurze Beine!« Warum kurze Beine? Es bedeutet einfach, dass Sie mit Lügen nicht weit kommen. Sie können sich zwar kurzfristig etwas vortäuschen, manchmal auch etwas länger – früher oder später aber werden Sie eingeholt – und zwar von der Wirklichkeit.

Ehrlich währt am längsten!
Welches moralische Gut sich doch hinter dieser Aussage verbirgt. Aber es ist eher anders. Im Leben fahren diejenigen, die lügen und betrügen, besser als diejenigen, die ehrlich sind. In meiner Schulzeit hatte ich mal einen Geldbeutel mit 3000 D-Mark gefunden und gab ihn pflichtbewusst im Schulsekretariat ab. Ich weiß gar nicht, ob es damals etwas wie einen geregelten Finderlohn gab. Der Taxifahrer, der den Geldbeutel verloren hatte, dankte mir jedenfalls nicht einmal persönlich. Manches Mal, als ich früher in Geldnöten steckte, dachte ich im Stillen: Wie doof bist du eigentlich gewesen! Hättest du nur das Geld behalten. Das hätte sowieso keiner bemerkt! Von wegen! Ehrlich währt am längsten! Na ja, zumindest wird mir diese kleine Heldentat vielleicht positiv gegengerechnet, wenn ich eines Tages vor einer anderen Instanz Rechenschaft über meine guten und meine schlechten Taten auf Erden ablegen muss.

Woran erkennt man Lügen?
Erkennt man eigentlich, ob jemand die Wahrheit sagt oder nicht? Nicht immer ist es so eindeutig wie bei der kleinen Holzpuppe Pinocchio. Bei jeder Lüge wuchs seine Nase ein Stückchen. Der italienische Schriftsteller Carlo Collodi war rein zeitlich gesehen den wissenschaftlichen Studien weit voraus. Es ist nämlich noch gar nicht lange her, dass man herausgefunden hat, dass beim Lügen mehr Blut in die Nase läuft als sonst – die Nase also tatsächlich um Millimeterbruchteile größer wird. Warum? Weil beim Lügen Hormone freigesetzt werden, die den Blutfluss in der Nase verstärken. Pinocchio-Effekt wird das genannt.

Wer eine gute Beobachtungsgabe hat, kann an der Veränderung von Mimik und Gestik erkennen, ob das Gegenüber lügt.

Zu lügen stresst unseren Körper, und das ausgeschüttete Adrenalin bringt ihn in Bewegung. Vorausgesetzt, dass uns unsere Lüge noch nicht in Fleisch und Blut übergegangen ist. Weil wir sie schon viele Jahre oder aber sehr häufig erzählen. Einige Gesten und Bewegungen, die auf Lügen hinweisen, sind zum Beispiel die Lippen zu lecken, mit der feuchten Hand über die Hose zu fahren, am Kragen zu zupfen oder die Stirn zu runzeln. Oder aber sich permanent an die Nase zu fassen und Blicken auszuweichen. Letztere kennen wir von kleinen Kindern. Bis zu einem Alter von etwa vier bis fünf Jahren sagen sie die Wahrheit, erst dann fängt in der Regel das Schummeln an. Meinem Sohn sehe ich Flunkereien sofort an der Nasenspitze an, und auch meine Mutter sagte zu mir, dass sie es früher an meinen Augen bemerkt hätte, wann ich gelogen habe. Ich hätte angefangen zu schielen. Na super! Immer schön die Augen unter Kontrolle halten!

Wie ist das mit den Selbstlügen? Woran erkennt man sie? Auch hier kann ein geschultes Auge Aufschluss geben. Oftmals nehme ich im Bruchteil einer Sekunde eine Veränderung, eine Diskrepanz zwischen Gesagtem und Körperhaltung wahr. In einem Coaching besprach eine Kundin mit mir eine Situation in ihrem Team, und wir kamen auf eine ihrer Mitarbeiterinnen zu sprechen. Auf subtile Art und Weise kopierte diese sowohl Verhalten als auch Aussehen meiner Kundin. »Na ja, das ist halt so. Nicht so schlimm!« Während meine Kundin diese Worte sprach, hielt sie ihren Körper fest umschlungen und wippte mit den Füßen permanent vor und zurück. Mein Kommentar: »Ihr Körper sagt mir etwas anderes!« Ihre Antwort: »Ne, ne … schon okay!« Meine nächsten Worte: »Und wenn Sie ganz ehrlich sind? Ehrlich zu sich selbst?« »Stimmt schon, manchmal ist es unheimlich und irgendwie zum Weglaufen!«

Es sind die Füße und Beine, die uns viel über die Ehrlichkeit verraten. Wenn wir uns in die Enge getrieben fühlen, wippen häufig unsere Füße. Die Fußspitzen wechseln ihre Richtung dorthin, wo ein vermeintlicher Fluchtweg zu entdecken ist. Unser Psychologenröntgenblick ist nichts anderes als ein geschultes Auge für solche oft minimalen Veränderungen in Mimik und Gestik, gepaart mit langjähriger Erfahrung und Intuition. Wenn ich eine Veränderung bei meinem Gegenüber wahrnehme, nutze ich meine Wahrnehmung und verbalisiere sie. Und so komme ich relativ rasch an die Selbstlügen heran. *Utilisation der Gefühle*, so nennen wir Psychologen das: die Gefühle nutzen. Sie brauchen kein Psychologe zu sein, um Ihre Wahrnehmung und Ihre Gefühle in Worte zu packen. Und auch Ihr Lebenspartner, Ihre Kinder und Ihre Freunde brauchen ebenfalls kein Psychologiestudium, um bei Ihnen wahrzunehmen, an welcher Stelle Sie sich anlügen. Sie wissen in den meisten Fällen über Sie Bescheid. Sagen aber nichts. Sie brauchen nämlich eine Einladung von Ihnen, ihre Wahrnehmung zu äußern. Fragen Sie doch mal: »Glaubst du, es gibt etwas, wo ich mich selbst anlüge und mir damit im Weg stehe? Wenn ja, um was geht es?« Falls Sie nicht sofort eine Antwort bekommen, haken Sie in den nächsten Tagen noch mal nach. Ehrlichkeit braucht Zeit. Es wird etwas kommen. Das ist so sicher wie das Amen in der Kirche.

Wege, um Farbe zu bekennen.
Das große Problem bei den Selbstlügen besteht darin, dass sie nach und nach in unsere Persönlichkeit übergehen. Wir können sie fast nicht mehr als Unwahrheit markieren. Bei einigen Selbstlügen braucht es viel Kraftanstrengung, Selbstreflexionsbereitschaft, Erkenntnis und Einsicht sowie gute Freunde oder

einen tollen Coach, um sie als solche zu entlarven und ihnen entgegenzutreten. Wie gesagt, ein wichtiger Faktor ist die Zeit. Wenn Sie bewusst über bestimmte Wünsche und Sehnsüchte nachdenken und darüber, warum Sie sie nicht angehen, dann nehmen Sie sich bitte Zeit dafür. Viel Zeit. Wer sich Zeit nimmt, der lügt weniger. Er hat die Chance, seine eigenen Lügen zu entlarven.

Sich die Wahrheit einzugestehen, ist unbequem und schmerzt häufig. Und was dann? Was ist, wenn ich die Lüge entlarvt habe? Mich zu ihr bekenne? Dann stehe ich ziemlich nackt da. Kein schöner Zustand. Ich weiß aber genau, hier ist die Chance, in Bewegung zu kommen und Veränderungen anzugehen. Um mit der Selbstlüge aufzuhören und in Veränderung zu kommen, braucht es Mut. Mut, den Lügen der Vergangenheit in die Augen zu schauen. Und Mut, sich den Ängsten der Gegenwart und vor der Zukunft zu stellen. Das Gegenteil von Lüge ist übrigens nicht die Wahrheit, sondern die Wirklichkeit. Und in dieser befinden Sie sich.

Immer wenn ich persönlich auf eine Schwierigkeit in einer Veränderung bei mir stoße, trete ich in eine Art Dialog mit meinem inneren Pressesprecher. Ich nenne ihn liebevoll Duncan. Er hilft mir herauszufinden, was wäre, wenn ich mich selbst mit den Augen anderer betrachten würde. Wie wichtig ist mir mein Veränderungswunsch? Warum bewege ich mich nicht? Was hält mich davon ab? Welcher Grund ist nur vorgeschoben? Und was müsste ich antworten, wenn ich ehrlich zu mir wäre? Was ist, wenn meine Maske der Selbstlüge fällt? Und wenn der Nebel sich lichtet und ich ehrlich zu mir bin, wie wirkt sich das auf mein Gefühl der Dringlichkeit für die Veränderung aus?

Vielleicht sind Sie – während Sie dieses Buch lesen – längst an Ihrem Veränderungsthema dran. Falls Sie noch im Bereich der unbewussten Inkompetenz stecken und nicht herauskommen, hier ein kleiner Tipp: Die Lieblingslügen der Männer betreffen die Themen Auto, Job, Freizeit und Partnerschaft, die der Frauen Gewicht, Alter, Partnerschaft und Konsum.

Übrigens: Asperger-Autisten sind die einzigen Menschen, die nicht richtig lügen können. Aufgrund ihrer fehlenden Wahrnehmung und Sensibilität für das soziale und emotionale Miteinander sind sie schlichtweg nicht dazu in der Lage. Es würde sofort auffallen. Und wenn sie doch mal lügen, haben sie eine andere Motivation als die meisten anderen Menschen. Lügen fällt ihnen schwer und ist für sie extrem anstrengend. Sich selbst anzulügen ein Ding der Unmöglichkeit.

Zweiter Dringlichkeitsfaktor: Lernen Sie Ihre Herkunft kennen und gehen Sie vorwärts in die Vergangenheit!

Ceòl Mór – die Musik, die den Dudelsack zum Erzählen bringt.

Die Musik des Dudelsacks ist tief in der schottischen Kultur verwurzelt. Hauptsächlich werden zwei Musikstile unterschieden: Ceòl Mór und Ceòl Beag, was auf Gälisch so viel wie »große Musik« und »kleine Musik« bedeutet. Während sich bei Ceòl Beag die Tanzmusik wiederfindet, beschreibt Ceòl Mór die klassische Musik für die Great Highland Bagpipe. Es heißt: Die kleine Musik bringt den Chanter zum Singen, die große Musik bringt ihn zum Erzählen.

Als ich mich im Frühjahr 2005 als Trainerin und Coach selbständig machte, hatte ich eine Bedingung, die ich mir damals in meinem Businessplan selbst auferlegte: »Jedes Jahr eine berufliche Weiterbildung!« Zu Beginn meiner Selbständigkeit eine echte Herausforderung. Aber wer ideenreich ist, bekommt es auch mit einem kleinen Budget hin. Es wäre für mich unglaubwürdig gewesen, andere weiterzubilden, ohne mich selbst zu entwickeln.

Umsatzmäßig stand ich relativ rasch auf einer soliden Basis, und so investierte ich im Jahre 2009 mehr Geld in meine Entwicklung als in den vier Jahren zuvor: Ich machte eine zweijährige Ausbildung zur Systemischen Beraterin. Wie gesagt: Schon im Studium begeisterte mich der Ansatz, und die Investition war nur folgerichtig. Wer in und mit Systemen arbeitet, sollte auch die Zusammenhänge verstehen und entsprechend intervenieren können. Und ich spreche nicht von dem, was offensichtlich zusammenhängt, sondern von dem, was darunter liegt: dem Wesen eines Unternehmens und der Menschen, die in ihm arbeiten.

In der Ausbildung gab es eine Phase, in welcher wir uns intensiv mit unseren Wurzeln und der Vergangenheit unserer Familien beschäftigten. Wo kommen unsere Eltern und Großeltern her, was haben sie erlebt und wie beeinflussen diese Erlebnisse uns in unserem Wesen und daraus ableitend auch unsere Tätigkeit als Berater? In einer sorgfältigen Vorarbeit musste jeder von uns Informationen über die eigene Familie für ein sogenanntes Genogramm zusammentragen. Ein Genogramm ist mehr als nur ein Familienstammbaum. Es bildet über Generationen hinweg Informationen zu Lebensereignissen ab, wie Krankheiten, Umzüge, Flucht, Zerwürfnisse und, und, und.

Schon in dieser Genogrammarbeit kam bei mir eine spannende Familientatsache zutage. Fast alle Familienmitglieder väterlicherseits litten und starben – wenn nicht im Krieg – an oder zumindest mit einem schweren Diabetes. Auch wenn das Thema »Diabetes« aufgrund der Erkrankung meines Vaters bei uns permanent präsent ist, so war mir dieses extreme Ausmaß bis zu diesem Zeitpunkt nicht bewusst. Und auch wenn ich wieder deutlich zugenommen habe, hält mich dieses Wissen in Alarmbereitschaft. Aus der unbewussten ist eine bewusste Inkompetenz geworden. Eigentlich ein Zustand, der unerträglich ist, weil er wie ein Damoklesschwert über mir hängt. Wie schon geschrieben! Aber auch hier gilt: Kognitive Dissonanz ist ein mächtiger Denkfehler! Meine Oma war, als sie mit 96 Jahren starb, schon viele Jahre Diabetikerin.

In unserer Weiterbildungsgruppe waren wir circa 25 Leute. Nach und nach war jeder einmal an der Reihe, seine Herkunftsfamilie intensiv zu betrachten. Welche Lebensereignisse und Verflechtungen gab es? Und wie zeigten sich diese? Was war das Anliegen des Falleinbringers, was wollte er verstehen beziehungsweise ändern? Angeleitet von unseren Lehrtherapeuten blickten wir gemeinsam auf das Genogramm der jeweiligen Person und versuchten anhand der Fakten, die Biografie der Familie zu verstehen. Alle waren gefragt, als es darum ging, mittels Aufstellung Zusammenhänge sichtbar zu machen und Klärungen zu erarbeiten. Jeder hatte Fragen an sein Familiensystem, zum Beispiel: »Warum denke ich bei allen meinen Entscheidungen daran, wie meine Eltern wohl darüber denken …?«

Eine Ausbildungskollegin bat mich, in der Aufstellung ihrer Familie symbolisch das Herkunftsland ihrer Mutter darzustellen: Ostpreußen. Als ich in die Rolle hineinging, wurde mir irgendwie unwohl. Ein Gefühl, das sich nicht gut beschreiben lässt. Ich dachte, nur nichts anmerken lassen! Während ich so symbolisch für Ostpreußen dastand, stiegen plötzlich die Tränen in mir auf und ich begann zu weinen. Überrascht schaute mich meine Ausbildungsleiterin an und fragte mich: »Und wo ist deine persönliche Verbindung zu Ostpreußen?« »Meine Mutter kommt aus Ostpreußen. Sie musste als Fünfjährige vor den Russen fliehen.«

Als ich an der Reihe war, wollte ich eine von mir gefühlte Distanz zu meinen Eltern klären. Warum gibt mir mein Vater zur Begrüßung die Hand? Warum nimmt er mich nicht in seine Arme und drückt mich fest an sich? So wie damals, als ich noch ein Kind war. Ein Verhalten, unter welchem ich viele Jahre gelitten habe und Sehnsüchte danach hatte. Die Antwort scheint banal, und sie lautet nicht, dass er mich nicht liebt. Die Antwort heißt schlicht und einfach: Er hat es in seinem Leben nie selbst erfahren. Mein Opa war im Krieg gefallen, als mein Vater zwei Jahre alt war, und meine Oma war eine Frau, die darauf getrimmt war, die Familie zu versorgen. Und das nicht im emotionalen Sinne. Jungen Müttern wurden zu Hitlers Zeiten Zärtlichkeiten konsequent abtrainiert. Die Kinder sollten nicht verweichlicht werden. Wie sollten da Gefühle und Empfindungen ihren Platz haben? Bei meiner Oma stand immer die Organisation des Alltages und des Essens im Vordergrund. Und wenn ich sage »immer«, meine ich auch »immer«. In unserer Familie wird erzählt, wie sie mit dem Fahrrad über 30 Kilometer an den Bodensee gefahren ist, nur weil es dort kostenlos Zwetschgen gab. One-Way, wohlgemerkt. Ich habe meine Oma nur ein einziges Mal weinen sehen, und das, als ich sie wegen irgendeiner Kleinigkeit abkanzelte. Ich, die Enkelin. Woher nahm ich das Recht?

Wie gerne würde ich ihr heute persönlich sagen: »Oma, es tut mir leid!« Für manche Dinge ist es zu spät.

Wer sich auf den Weg in die eigene Familiengeschichte macht, sollte sich allerdings gefasst machen, dass dort nicht nur eitel Sonnenschein herrscht. Nicht dass Sie jetzt glauben, ich fordere Sie dazu auf, irgendein düsteres Familiengeheimnis in der Biografie Ihrer Familie ausfindig zu machen oder gar hineinzuinterpretieren. Mir geht es darum, dass Sie sich die Zeit nehmen und Fakten sammeln. Wer die Biografie seiner Eltern versteht, der versteht besser, warum er so ist, wie er ist. Warum er sich seinem Veränderungswunsch verwehrt. Oder warum er von Veränderung zu Veränderung springt, ohne ein Gefühl der Zufriedenheit und des Angekommenseins zu empfinden. Wer sich auf die Spurensuche in der Familie macht, erkennt womöglich Muster, die schon über Generationen hinweg wirken.

Welche Ereignisse gab es in Ihrer Familie?

Wann wurde wer geboren?

Wann ist wer wie gestorben?

Gab es Trennungen, Scheidungen, schwere Schicksalsschläge, schwarze Schafe, Helden- und Ruhmestaten?

Warum empfehle ich Ihnen, vorwärts in die Vergangenheit einzutauchen und sich mit Ihren Wurzeln zu beschäftigen? Mir persönlich hat die Spurensuche in meiner Familie geholfen, mich weiterzuentwickeln und unter anderem meine Reaktion auf bestimmte Verhaltensweisen meiner Eltern zu ändern. Ich habe nicht mehr den Anspruch, das Verhalten meiner Eltern zu verändern. Mit Freude und Herzlichkeit nehme ich inzwischen die Hand meines Vaters und drücke sie gerne zur Begrüßung. Es ist für mich zwar nach wie vor befremdlich, aber ich interpretiere es nicht mehr als Ablehnung meiner Person.

Neue Informationen ermöglichen andere Interpretationen.

Andere Interpretationen ermöglichen neues Verhalten.

Das ist der Unterschied, der den Unterschied macht.

Meinen eigenen Sohn übrigens herze ich bei fast jeder Begrüßung. Zum Beispiel jeden Morgen nach dem Aufstehen oder wenn er aus der Schule kommt. Mit meiner überschwänglichen Liebe. Ich bin gespannt, was er eines Tages seinem Coach über die Verhaltensweisen seiner Mutter berichten wird. Übrigens, vielleicht kennen Sie das aus Ihrer eigenen Familie: Mein Vater kann meinen Sohn von Herzen knuddeln.

Ein weiterer denkwürdiger Moment, der meine beratende Tätigkeit substanziell veränderte, war die Lektüre des Buches *Die vergessene Generation*. Die Kölner Journalistin Sabine Bode trug gemeinsam mit ihrem Mann Lebenswege der sogenannten Kriegskinder zusammen. Der Kinder, die im Zweiten Weltkrieg geboren wurden und deren Schicksal über Jahrzehnte hinweg niemand thematisierte. »Warum spricht niemand über sie, obwohl sie als Kinder aufgrund ihrer Erfahrungen schwer traumatisiert sein müssten, weil sie eben so viel Schlimmes erlebt und gesehen haben? Und mehr noch: Warum haben diese Kriegskinder heute das Gefühl, dass es gar nicht so schlimm war, obwohl die Kindheitserlebnisse katastrophal gewesen sein müssen?«

Bereits in meiner systemischen Ausbildung wurde uns das Buch empfohlen. Wie so vieles geriet aber auch diese Empfehlung in Vergessenheit. Bis zu dem Zeitpunkt, als ich eines Tages auf dem Hamburger Flughafen auf meinen verspäteten Flieger nach Stuttgart wartete und zum Zeitvertreib in einen Zeitschriften- und Buchladen ging. Und da lag das Buch, und es fesselte mich von der ersten bis zur letzten Seite. Es lies mich in eine andere Welt abtauchen. In die Welt der Kriegskinder. In die Kindheit meiner Eltern. Es war übrigens der Rückflug des Fluges mit dem Sitzplatz 24A. Seit diesen beiden denkwürdigen Momenten halte ich ein weiteres Mosaikstückchen und wertvolles Instrument für die Arbeit mit meinen Kunden in meinen Händen:

Erst wenn du die Geschichte deiner Familie und insbesondere deiner Eltern verstehst, kannst du mit deinem Kunden tief greifend an Veränderungen arbeiten.

Ich habe seither den Mut, in meinen Beratungen die Lebensverläufe der Eltern zu erfragen. Seien es Unternehmer, Geschäftsführer, Führungskräfte oder nur einfache Mitarbeiter. Für mich war das bisher ein Tabuthema gewesen, weil es auf den ersten Blick mit meinem offiziellen Auftrag nichts zu tun hat. Aber eben nur auf den ersten Blick. Dieser Blick ist für mich seither ein wichtiger Schlüssel dafür, warum sich jemand im Unternehmen bewegt oder eben nicht bewegt. Oder warum er sich so bewegt, wie er sich bewegt, und manchmal die anderen dadurch zur Verzweiflung bringt. Und selbstverständlich, was er bräuchte, um sich zu bewegen.

Gestatten Sie mir an dieser Stelle einen kleinen Seitenblick. Der Philosoph Cicero schrieb einst: »Nicht zu wissen, was vor der eigenen Geburt geschehen ist, heißt, immer ein Kind zu bleiben.« Und so finde ich es wichtig und richtig, dass in der Schule weiterhin Geschichtsbewusstsein vermittelt wird. Als ich in den 1980er-Jahren in die Schule ging, sind wir – zumindest gefühlsmäßig – im Geschichtsunterricht immer bis zur gleichen Stelle gekommen: dem Zweiten Weltkrieg. Die meisten von uns konnten es nicht mehr hören. Wie anders hätte der Geschichtsunterricht von damals uns in unserer Entwicklung unterstützen können, wenn er uns nahegebracht hätte, was genau mit Oma und Opa passiert ist und was unsere Eltern erlebt und gespürt haben. Aber unsere Lehrer damals blickten auf eine ähnliche Kindheit zurück wie unsere Eltern und waren genauso sprachlos. Und so wurde der Blick jedes Jahr aufs Neue auf die geschichtlichen Daten und auf den Holocaust gerichtet.

Trauen Sie sich, setzen Sie Ihre Herkunftsfamilienbrille auf und schauen Sie in die Vergangenheit Ihrer Eltern. Der Nebel unserer Eltern ist oftmals zu unserem eigenen Nebel geworden, und es steht auch hier die Frage im Raum: Was wird sichtbar, wenn der Nebel sich lichtet? Wie haben Ihre Eltern Sie geprägt? Und wie wirkt sich das auf Ihre Wünsche, Träume und Sehnsüchte oder einfach nur auf ganz pragmatisch anstehende Veränderungen aus?

Ihre Familie – eher Bewahrer oder Veränderer?

Piobaireachd – die keltische Dudelsacksinfonie
Piobaireachd kommt aus dem Gälischen und bedeutet übersetzt: »was der Pfeifer macht«. Piob ist die Pipe, Piobaire ist der Piper selbst und Piobaireachd ist das, was der Piper macht. Auch wenn wir im deutschsprachigen Bereich die Formulierung »Dudelsack spielen« verwenden, heißt es eigentlich korrekt: »den Dudelsack singen«. Der Ausdruck Piobaireachd wird heute nur

noch für die klassische schottische Dudelsackmusik verwendet. Der Begriff ist gleichbedeutend mit Ceòl Mór – der großen Musik. Ein Musikstück dauert dabei zwischen acht und 25 Minuten und besteht aus einem Thema, welches knapp gehalten und mit möglichst wenigen Schnörkeln versehen ist, sowie aus einer Vielzahl von Variationen mit zunehmendem Schwierigkeitsgrad. Nach dem krönenden Schlussmovement – der letzten Variation – kehrt der Piper wieder zum Thema zurück. Der Kreis schließt sich, und so kommt es, dass die keltische Sinfonie scheinbar nie endet. Legende und Realität, Erdachtes und Behaltenes – all das verbindet sich im Piobaireachd, und so versteht man, dass die große Musik wichtige Ereignisse längst vergangener schottischer Zeiten erzählt und von Generation zu Generation weitergegeben wird. Ein bisschen lässt sich der im wahrsten Sinne des Wortes sagenhafte Geschichtenreichtum Schottlands nachvollziehen.

»Lassen Sie uns mal so richtig in Schubladen denken! Wie ist die Familie, in welcher Sie geboren wurden und aufgewachsen sind? Also Ihre Eltern und Großeltern? Stammen Sie eher aus einer Bewahrerfamilie oder eher aus einer Veränderfamilie?«

Die Augen gehen nach oben, der Zeigefinger geht an den Mund. Ich sehe in nachdenkliche Gesichter, wenn ich diese Frage stelle, und erhalte in der ersten Abfrage deutlich öfter »Bewahrerfamilie« als »Veränderfamilie« zur Antwort. Fast jedes Mal höre ich aber auch: »Das kommt darauf an!« Mein »Auf was?« lässt nicht lange auf sich warten. Genau ab jetzt beginnt der ehrliche Dialog. Es sind die Familiengeschichten, die einem einen guten Zugang zum Thema »Umgang mit Veränderungen« verschaffen.

Meine Eltern unterstützten mich sehr oft in meinem Bewegungsdrang, manchmal konnten sie mir aber auch nur hilf- und verständnislos zuschauen. Es gab eine Situation, an die ich mich noch gut erinnern kann. Ich hatte in Lüneburg gelebt, und die Beziehung zu meinem damaligen Freund ging in die Brüche. »Papa! Hole mich bitte hier ab. Ich will wieder nach Hause!« Keine Woche später kam mein Vater mit einem Omnibus eines befreundeten Unternehmers angefahren, aus welchem er fast alle Sitze im Schweiße seines Angesichts persönlich ausgebaut hatte, um alle Möbel und Pflanzen samt Tanja einpacken und die 752 Kilometer wieder zurückfahren zu können. Andere hätten einen Umzugs-Lkw gemietet. Mein Papa war erfinderisch und sparsam, wie es eben nur Schwaben oder Schotten sein können. Die Umzugshelfer waren meine Mutter und ein paar wenige Freunde von mir. Wir mussten lediglich die Benzinkosten zahlen. »Günstig!«, würde der Schwabe sagen. »Echt günstig!«, der Schotte. Drei Monate nach meinem Rückzug in meine süddeutsche Heimat eröffnete ich an einem sonnigen Nachmittag meinen Eltern: »Ich ziehe wieder nach Lüneburg. Nächste Woche. Ich habe meinen Job gekündigt und werde studieren!« Aus heutiger Sicht kann ich vollkommen nachvollziehen, dass meine Eltern vom Glauben abgefallen sind und ich den Umzug alleine stemmen musste. Und so packte ich eine Woche später meinen blauen Fiat Uno bis unter die Decke voll und zog zu Freunden im hohen Norden. Mit im Gepäck: eine riesige Portion schlechtes Gewissen. Aber der Drang zur Veränderung war größer.

Welche Geschichten gibt es in Ihrer Familie?

Wie wurden sie damals, als Sie Kind waren, erzählt? Wie heute?

Wie gingen Ihre Eltern mit Veränderungen um? Wurden Veränderungen begrüßt? Eventuell sogar aktiv aufgesucht?

Wurde Neues ausprobiert? Oder war Bewährtes ein wichtiges Gut, und es wurde daran festgehalten?

Welche Storys gibt es zum Bewahren?

Bei meinem Vater zeigt sich bis heute folgende Ausprägung: Wichtige Veränderungen mitgehen, aber nach einer selbst organisierten, kostengünstigen Umsetzungsvariante suchen. Und ich weiß in meinem Herzen: Wenn mein Vater es körperlich heute noch könnte, würde er mich immer wieder aus Lüneburg retten. Und wissen Sie was? Er hat mir diese Verhaltensweise quasi vererbt. Auch ich suche in Veränderungsprozessen immer zuerst nach einer selbst organisierten, scheinbar kostengünstigen Umsetzungsvariante. Aber nur scheinbar kostengünstig. Es ist nichts teurer, als wenn der Chef alles selbst macht. Und so war und ist für mich das Einstellen eines Mitarbeiters, das Delegieren und Beauftragen eines externen Profis immer wieder aufs Neue eine Herausforderung. Wenn es mir gelingt, erfahre ich umgehend Entlastung. Wenn nicht, dann komme ich in Stress und Zeitnöte. Immer. Aber Sie wissen ja: Erkenntnis und Einsicht ermöglichen Veränderung.

Bewahren und Verändern sind keine Gegensätze. Kein Widerspruch. Sondern eine hervorragende gegenseitige Ergänzung, vor allem, wenn sie zu einem klugen Sowohl-als-auch werden. Man könnte meinen: Ist doch logisch! Schon, aber die

Realität sieht leider in vielen Fällen anders aus. In meinem Job stoße ich täglich auf ihn: auf den ewigen Zwiespalt zwischen Bewahren und Verändern. Gut oder schlecht! Schwarz oder weiß! Immer gepaart mit der Frage: Was ist besser? Bauen wir beim nächsten Umzug wieder alle Sitze aus einem Omnibus aus oder beauftragen wir in Zukunft ein Umzugsunternehmen? Der Grundkonflikt zwischen Bewahrern und Veränderern: Beide Gruppen glauben, sie seien im Recht.

Veränderer.
Bei der Gruppe der Veränderer habe ich oft das Gefühl, dass sie für sich in Anspruch nehmen, einen Zacken mehr im Recht zu sein als die Bewahrer. Schließlich muss man mit der Zeit gehen, und die Megatrends sind allgegenwärtig. Ich persönlich würde mich deutlich der Gruppe der Veränderer zuordnen und würde – falls wieder ein Umzug anstehen würde – meinem Vater sagen: »Ich kann online für günstiges Geld einen kompletten Umzugsservice engagieren. Warum sollte ich daher den Umzug selbst durchführen? Das würde mich deutlich mehr Geld kosten – durch entgangene Aufträge und einen kaputten Rücken!«

Ab und zu werde ich von Kunden gebucht, um ihre Führungskräfte darin zu befähigen, ihre Mitarbeiter in den unternehmerischen Veränderungsprozessen besser zu begleiten. Wenn ich in einer solchen Gruppe arbeite, frage ich gerne, ob es Häuslebesitzer oder gar Hobbygärtner gibt und ob diese bisweilen Unkraut im Garten jäten würden. Das Thema »Unkraut im Garten« scheinen immer alle zu kennen. Unter den Häuslebesitzern entwickelt sich dann eine zum Teil lebhafte austauschende Diskussion darüber, welches die beste Methode ist, das Unkraut zu bekämpfen. Und hier komme ich wieder mit folgendem Hinweis ins Spiel. Ganz ruhig sage ich: »Bis zu seinem Verbot 1988 – dem Jahr, als ich Abitur machte – wurde in Deutschland ein Unkrautvernichtungsmittel eingesetzt, dessen Inhaltsstoffe ähnlich wirkten wie ein Wachstumshormon. Die Folge: Wachsen – wachsen – wachsen – verändern – verändern – verändern und dadurch: Absterben der Pflanze.« Zu Tode verändert! Das Fazit zu meinem Hinweis brauche ich nicht mehr auszuführen. Die Botschaft ist gesetzt. Was treibt die Veränderung an? Und wie viel Veränderung tut gut?

Bisher bin ich in meinem Leben 17-mal umgezogen, im Schnitt alle zwei Jahre. Der Umzug von Lüneburg zurück in meine süddeutsche Heimat war ganz früh, der dritte. Der Antrieb, also das, was hinter allen meinen Umzügen steckt, ist für mich bis heute noch nicht wirklich klar. Auch wenn es für jeden Umzug nachvollziehbare Gründe familiärer oder beruflicher Art gab, verursacht trotzdem etwas anderes tief in mir die Unruhe.

Wie viel Veränderung guttut? Die Antwort liegt bei meinem Beispiel auf der Hand: Wie würde nach 17 Umzügen der Rücken meines Vaters heute aussehen, und wie ausgeleiert wären die Omnibussitze in ihrer Halterung – angenommen, es wäre immer der gleiche Omnibus gewesen? Von den vielen Kosten ganz zu schweigen. Gestatten Sie mir ein Schmunzeln: Busfahrer wissen also nicht nur den Weg von A nach B, sondern auch, wie man einen Omnibus zu einem Umzugstransporter umfunktioniert.

Bewahrer.

Bei der Gruppe der Bewahrer schaue ich genau hin und differenziere: Wo gibt es Widerstände aus der Gewohnheit heraus, und wo gibt es Widerstände, um etwas Wichtiges schützen zu wollen? Und wenn es etwas Wichtiges ist, das geschützt werden soll, ist es dann ein Prozess oder ist der Schutzgegenstand die Person selbst? Da das Wort »Bewahren« zumindest in Unternehmen irgendwie negativ besetzt ist, schlage ich oft vor, das Wort durch »Beschützen« zu ersetzen. Wie kann man Bewährtes – Schützenswertes – mit in die Zukunft nehmen und muss es lediglich ein wenig modifizieren? Oder auch so belassen, wie es ist.

Auch wenn der Anlass für den Wegzug aus Lüneburg kein schöner war, so hat es doch etwas Großartiges bewirkt: Wir als Familie haben miteinander geschuftet, gelitten und gelacht und waren uns sehr nah. Familiengeist, Teamgeist. Dadurch dass ich die meisten meiner späteren Umzüge anders organisiert habe, ging dieser Familiengeist leider irgendwo verloren. Ah, doch, einmal. Einmal gab es ihn noch. Mein Vater hatte – als ich von Lüneburg für mein Studium nach Berlin umzog – von einem befreundeten Bäcker den Lieferwagen ausgeliehen und ihn im Schweiße seines Angesichts von Brot- und Mehlresten gereinigt. Und so fuhren meine Eltern, mein Bett und andere Dinge – selbst organisiert und kostengünstig unter dem Bäcker-Label »Jeder Krümel Qualität« – von Süddeutschland nach Berlin. Noch heute lachen wir darüber, denn es ist keine gute Idee, einen Bäckerwagen nass auszuwischen. Pampe garantiert! Familiengeist aber auch! Und so stelle ich wieder die Frage: Was gilt es zu bewahren, und wie kann es gelingen, Bewährtes in die Zukunft mitzunehmen?

Mein Fazit: Veränderer gehen zwar leichter in die und mit der Veränderung. Sie vergessen aber häufig wichtige Details. Bewahrer hingegen vergessen bei allem Behüten des Jetzt-Zustandes gerne den Blick auf Realität und Zukunft. Wenn ein Unternehmen Storytelling in die Change-Prozesse integriert und beide Gruppen ins Gespräch miteinander bringt, kann es gelingen, Veränderungsprozesse besser zu gestalten, ohne allzu viel Know-how und Menschen auf der Strecke zurückzulassen. Es geht nicht darum, wer recht hat. Es geht darum, dass die beiden Gruppen einander zuhören und ein Verständnis füreinander entwickeln. Und dann das Beste herausziehen und gemeinsam die Zukunft gestalten können. Die gesamte Menschheitsgeschichte zeigt: Es braucht beides – Bewahren und Verändern.

Welche Geschichten gibt es in Ihrer Familie?

An welche Begebenheiten erinnern Sie sich?

Wo sind Veränderer-Anteile?

Wo sind Bewahrer-Anteile?

Wo erkennen Sie sich wieder – auch wenn es Ihnen nicht wirklich passt?

Was würde mir Ihr Lebenspartner auf diese Frage antworten?

Wie wirken sich diese Anteile konkret auf Ihr Verhalten heute aus? Hinsichtlich Ihrer privaten Veränderungswünsche? Hinsichtlich Ihrer beruflichen Themen?

Welche Verhaltensweisen sind hinderlich, welche förderlich?

Viele Fragen, gell? Aber vielleicht ist ja eine darunter, die den denkwürdigen Moment auslöst.

Ihre Familie: Welcher Staffelstab wird bei Ihnen von Generation zu Generation weitergegeben?

Ich bin überzeugt: Die Freiheit, unser Leben so zu führen, wie wir es gerne möchten, erhöht sich, je mehr wir über unsere Eltern und die gesamte Familie wissen. Geschichten von früher sind ein guter und aufgrund der zeitlichen Distanz oft amüsanter Zugang. Nicht immer ist es so offensichtlich wie in meiner Omnibus-Umzugsgeschichte, weshalb ich eher in selbst gestrickten kostengünstigen Lösungen denke. Wenn auch offensichtlich, so gilt auch für diese Tendenz: Dessen muss ich mir erst einmal bewusst sein und dann kann ich etwas ändern. Wenn ich will.

Seit dem Erlebnis bei der Aufstellung und der Lektüre von *Die vergessene Generation* erschloss sich eine weitere Betrachtungsebene in Veränderungsprozessen: das Erbe unserer Eltern. Diese vermachen uns nämlich nicht nur ihr Vermögen beziehungsweise im negativen Fall ihre Schulden. Unsere Eltern vermachen uns auch ihre psychischen Lasten, in meinem Fall die aus dem Zweiten Weltkrieg. In der Wissenschaft nennt man ein solches Erbe *Generationentransfer*. Sie können sich das vorstellen wie die Übergabe eines Staffelstabes. Ungelöstes und Verdrängtes wird von Generation zu Generation weitergegeben. Der Unterschied zu einem Staffelstab ist, dass die Übergabe unbewusst erfolgt und über die Eltern-Kind-Beziehung läuft. Schwierig, einen Nebel als solchen zu identifizieren. Heldengeschichten werden gerne offen erzählt und von Generation zu Generation immer mehr ausgeschmückt. Traumatisierungen werden in der Regel auf zwei Arten verarbeitet. Es gibt Menschen, die permanent darüber reden (und deswegen andere die Geschichten nicht mehr hören können und wollen). Und es gibt Menschen, die das Geschehene innerlich abschotten. Und irgendwann selbst keinen Zugriff mehr darauf haben. Und hier wird es spannend für mich. Wie werden wir von dem Erbe unserer Eltern beeinflusst, von dem nicht einmal sie wissen, dass sie es uns weitergegeben haben?

Das Erbe meiner Mutter.
Meine Mutter kommt aus Ostpreußen. Im bitterkalten Kriegswinter 1945 nahm meine Oma nach zögerlichen Fluchtvorbereitungen ihre beiden Kinder und floh aus Popelken. Mit nicht mehr als ihren Kindern und dem, was sie gemeinsam mit ihnen tragen konnte. Meine Mutter war damals fünf Jahre alt, mein Onkel knapp zwei Jahre jünger. Meine Urgroßeltern waren sich des drohenden Unheils bestimmt bewusst, sie blieben aber zurück auf ihrem Hof. Wie so viele Menschen, wollten auch sie die Heimat nicht verlassen. In einer historischen Aufarbeitung der Flucht und Vertreibung aus Ostpreußen erstellte Hermann Rettig eine Dokumentation der Vertreibung. Er beschrieb es am konkreten Beispiel seiner Heimat *Kirchspiel Popelken Markthausen*, die Heimat meiner Mutter. Ich habe die Dokumentation gelesen und kann mir nicht vorstellen, dass meine Mutter auf ihrer Flucht nichts von all den Toten, Vergewaltigungen, Blut, Hunger und dem ganzen Elend um sie herum mitbekommen haben soll. Ich kann mir aber gut vorstellen, dass sich ein wärmender Schutzmantel um ihre Seele gelegt hat, der sie vor diesen Erinnerungen schützt. Denn wenn ich sie gefragt habe: »Wie war es damals?«, kam die Antwort: »Uns ging es eigentlich gut. Wir haben uns über eine Erdbeere gefreut!«

Flüchtlingskinder wurden aufs Extremste zur Anpassung und Leistung erzogen. Sie wurden permanent angehalten, sich zurückzunehmen und nicht aufzufallen. Sie waren ständig bemüht, Fehler und Störungen zu vermeiden. Und sie vermieden es, andere zu enttäuschen. Genauso nehme ich meine Mutter noch heute wahr. Sie arbeitet sehr gerne. Rastet nur selten und gönnt sich wenig Ruhe. Sie versuchte jahrelang, sich anzupassen, es allen recht und keine Fehler zu machen, und schon gar nicht, jemanden zu enttäuschen. Je älter sie wird, desto mehr habe ich das Gefühl, dass sie sich von dieser Angepasstheit befreit. Sie sagt, was sie will und was nicht. Besser gesagt: Sie macht einfach das, was sie für richtig hält und wonach ihr Kopf, Herz und Gefühl stehen. Auch wenn uns Kindern das nicht immer passt und meine Mutter in ihrem Tun nicht immer die richtigen, wertschätzenden Worte findet. Ich freue mich für sie und für ihre neue Freiheit, die sie zumindest in kleinen Teilen zurückgewinnt.

Das Erbe meines Vaters.

Mein Vater wurde 1940 in Karlsruhe geboren und erlebte seine ersten zwei Lebensjahre in Düsseldorf. Erzählt wird die Geschichte von der Bowle, die bei jedem Fliegerangriff in den Schutzkeller mitgenommen wurde. Sie hat die schlimmsten und dunkelsten Zeiten der Luftangriffe auf Düsseldorf überlebt, ebenso wie meine Oma, mein Vater und mein Onkel den Krieg überlebt haben. Zwar hat die Bowle bei einem der Angriffe einen ziemlichen Schlag abbekommen, meine Oma aber reparierte sie, und so wurde die Bowle unmerklich nach und nach zu einem familiären Sinnbild für Robustheit und Durchhaltevermögen. Ein echter Köhler gibt nicht auf! Er jammert zwar, aber er gibt nicht auf. Jahr für Jahr zu Silvester gab es die typische Silvesterbowle. Ich kann mich gut an sie erinnern und auch daran, dass ich heimlich die Erdbeeren aus ihr stibitzte. Als meine Oma starb, nahm ich die Bowle zu mir. Seitdem steht sie bei mir auf dem Dachboden. Sie ist zu hässlich, um sie zu nutzen, aber ich traue mich auch nicht, sie wegzuschmeißen. Als mein Vater zwei Jahre alt war, floh meine Oma mit den Kindern und der Bowle aus Düsseldorf zu meiner Tante in die schwäbische Kleinstadt Spaichingen. Dort war es einigermaßen sicher und es gab zu essen. Schon als Kleinkind lernte mein Vater: Wenn du überleben willst und möchtest, dass es dir gut geht, musst du glänzen. Sicherlich war ihm das als Zweijähriger nicht bewusst, aber ganz bestimmt hat man dem hübschen Buben gerne etwas mehr zugesteckt als anderen Kindern. Eben weil er so hübsch glänzte. Wenn es jedoch darauf ankam, war auch mein Vater keiner von den Einheimischen. Er war ein Zugezogener, aber kein »normales« Flüchtlingskind, eher etwas wie ein Flüchtlingskind erster Klasse. Immerhin kam er von nicht allzu weit her. Meine Mutter hingegen war ein Flüchtlingskind zweiter oder gar dritter Klasse. Ostpreußen, wo war das überhaupt?

Wie zwei verschiedene Erben ein Paradoxon ergeben.
Gerade wird mir bewusst, welches Paradoxon mir meine Eltern per Generationentransfer auf den Weg mitgegeben haben: Leiste viel, halte dich dabei bescheiden zurück und falle nicht auf, aber glänze ordentlich dabei, damit Du überlebst! Zwei gegensätzliche Botschaften, die mich viele Jahre in meiner Entwicklung gebremst haben. Ja, ich habe viel geleistet und auch Karriere gemacht. Aber irgendwie hatte ich das Gefühl, mit

angezogener Handbremse zu fahren. An den entscheidenden Punkten begab ich mich in Deckung, anstatt aufzustehen und mich zu zeigen. Heute verstehe ich, dass dies direkt mit meinem Wunsch nach Anerkennung und Respekt und meiner Furcht vor Abwertung zusammenhängt. Ich muss mich aber nicht mehr selbst profilieren. Dafür habe ich andere Mittel zur Verfügung. Ich berichte nämlich den Menschen gerne von allen tollen Dingen, die mein Sohn macht. Scheinbar bescheiden und trotzdem voller Stolz; wohl wissend, dass man vom Apfel immer auf den Stamm schließt. Ich unterliege dem Irrglauben, dass es sich nicht ganz so eingebildet anhört, kann aber durch mein Verhalten dem per Generationentransfer mitgegebenen »Sei angepasst!« nachkommen. Geliehene Macht, so nennt man das in der Psychologie. Ich leihe mir die Macht und den Glanz meines Sohnes.

Aber auch das fühlt sich an wie eine Fahrt mit angezogener Handbremse. Was wäre, wenn ich mir keine Macht und keinen Glanz mehr leihen müsste? Was wäre, wenn ich endlich selbst glänzen würde? Dann würde ich mir die Bühne des Lebens nehmen und sie in vollen Zügen bespielen. Ganz selbstverständlich mit allem berechtigten Stolz auf mein Wissen und Können. Ich würde in Kauf nehmen, dass es nicht jedem schmecken und manchem aufstoßen wird. Egal! Dann schnappe ich mir den Dudelsack und spiele auf ihm. »Auld Lang Syne«. Wussten Sie, dass diese Worte »Scots« sind? Scots ist die dritte Landessprache in Schottland neben Englisch und Gälisch. Die Worte bedeuten sinngemäß: »Längst vergangene Zeit.« Und dann nehme ich mit einem der berühmtesten Abschiedslieder der Welt Abschied von der Kriegskindheit meiner Eltern und trauere mit ihnen um eine unbeschwerte Kindheit, die sie leider nicht erleben durften.

Und wenn ich dem Ganzen zum Schluss das Depressive und die Schwere nehmen möchte, weil ich aus irgendwelchen Gründen Schwere schlecht ertragen kann und immer mit einem Joke mildern muss, versuche ich mich mit dem Dudelsack abschließend an der heimlichen schwäbischen Nationalhymne »Auf der schwäbischen Eisenbahn«. Aber in der richtigen Tonlage. Versprochen!

Nun kennen Sie einen klitzekleinen Teil der Geschichte meiner Eltern und einen Teil des Einflusses dieser Geschichte auf mein Verhalten. Es wird zwar oft versucht, Schicksale ganzen Gruppen überzustülpen – im Sinne von: »Es ging ja damals keinem wirklich gut!« Indes hat jeder seine eigene Geschichte. Kriegskind ist nicht gleich Kriegskind. Die einen waren auf der Flucht, die anderen wuchsen zu Hause auf. Die einen kamen deutlich vor dem Krieg auf die Welt und hatten schon eine gewisse psychische Stabilität; andere wiederum kamen kurz oder deutlich nach dem Krieg zur Welt und wurden in ein bettelarmes, schwer traumatisiertes Deutschland geboren. Einige Eltern auch in der Zeit des Wirtschaftsaufschwungs. Sie erlebten ihre Kindheit in einer Zeit, in der scheinbar alles möglich war. Aber es gilt: Jeder hatte aufgrund des Zweiten Weltkriegs familiäre Päckchen zu tragen, und jeder hat es auf seine Art und Weise verarbeitet und weitergegeben. Die Geschichte meiner Eltern half und hilft mir, mich selbst besser in meiner Agilität zu begreifen.

Damit Sie in Ihrem Handeln oder Nichthandeln lernen, sich zu verstehen, und dadurch die Chance haben, in Bewegung zu kommen, möchte ich Ihnen aus tiefstem Herzen mitgeben: Gehen Sie auf Spurensuche in Ihrer Familie. Trauen Sie sich! Halten Sie durch und passen Sie auf, Sie werden nicht nur auf freudige Reaktionen stoßen. Es braucht lange, bis der Nebel sich lichtet, und manchmal zieht er an anderer Stelle wieder auf. Schneller, als Sie denken können, dichter und schwerer als zuvor. Dudelsackklänge ertönen scheinbar aus dem Nichts. Sie sollen Angst machen, Sie auf Distanz halten. Suchen Sie weiter, auch wenn es mühsam ist und schmerzt. Es lohnt sich.

Was haben unsere Eltern uns mitgegeben, welche Verhaltensmuster ergeben sich daraus und was haben wir unreflektiert übernommen? Erst wenn wir das wissen, halten wir die Möglichkeit in unseren Händen, aus unseren heutigen Verhaltensmustern auszusteigen. Erst dann erhalten wir die Freiheit, unsere Zukunft so zu verändern, wie wir es gerne hätten. Dudelsack spielen, Schottland besuchen – wann immer ich will – und das ganz ohne schlechtes Gewissen, sondern mit Lust und Genuss.

Unsere Herkunft: Wie wir uns durch unsere Sprachlosigkeit Dinge versagen.

Canntaireachd – die Dudelsack-Singsprache
In der Musik wird das grafische Festhalten von musikalischen Parametern wie Tonhöhe, -dauer und -lautstärke als Notation bezeichnet. Notationen für Piobaireachd – der großen klassischen schottischen Dudelsackmusik – wurden erst im späten 18. Jahrhundert entwickelt. Daher brauchte es zuvor eine andere Grundlage. Canntaireachd ist die überlieferte, codierte Lehr- und Lernsprache der schottischen Dudelsackspieler. Keine Notationsform gelingt eine so genaue Darstellung der Komplexität und Struktur der Dudelsackmelodie mit ihren wechselnden Rhythmen wie das gesungene Canntaireachd. Verschie-

dene Silben stehen für verschiedene Noten und Verzierungen. Dudelsackspieler aus der ganzen Welt greifen dabei auf den sogenannten Campbell Canntaireachd zurück, eine der größten, wichtigsten und ältesten Quellen. Übrigens: Man braucht zwar schon einen Lehrer, wenn man diese alte Singsprache lernen will. Mit dem Canntaireachd-Tutor bekommt man aber eine großartige Unterstützung per App. Damit man auch jeden Tag gut üben kann.

Apropos schlechtes Gewissen. Schon oft habe ich mich gefragt, warum die Menschen, mit denen ich zu tun habe, eigentlich alle Freiheiten haben, aber keinen Gebrauch davon machen. Bestimmt liegt eine Antwort in der Sprach- und Verständnislosigkeit zwischen den Generationen. Unsere Eltern und wir. Immer wieder frage ich mich, wie sich diese zwei Generationen überhaupt verstehen können. Zwei Generationen, deren Kindheit sich gefühlt auf zwei unterschiedlichen Planeten abgespielt hat. Meine Kindheit ist nicht vergleichbar mit der meiner Eltern.

In den vielen Jahren als Veränderungsberaterin bin ich immer wieder auf das Thema »Loyalität zu den Eltern« gestoßen. Menschen, die wie ich in der Mitte ihres Lebens stehen und deren Eltern im Krieg noch Kinder waren, sind geprägt von einer seltsamen Loyalität zu ihren Eltern. Dieser Loyalität wurden und werden bis heute oftmals die eigene Weiterentwicklung und die Wünsche nach Unabhängigkeit untergeordnet. »Würden unsere Eltern unsere Entscheidung gutheißen?« – eine Frage, die viele in Gedanken mit sich herumschleppen. Erwachsen hin oder her. Viele Dinge habe ich heimlich auf den

Weg gebracht und die Strategie der vollendeten Tatsachen angewandt. Schon in meiner ersten Ausbildung als Kauffrau im Groß- und Außenhandel bei einem der weltweit führenden Anbieter für Medizintechnik hatte ich den Drang, aus meiner Kleinstadt zu fliehen, mich örtlich zu verändern. Am liebsten wäre ich nach Mexiko gegangen. Meine Ausbildungsfirma hatte dort Geschäftspartner. Aber das klappte nicht, und wahrscheinlich wäre es für mich eine Nummer zu groß gewesen oder ich hätte mich erst gar nicht getraut. So blieb als Alternative das Außenbüro Hamburg. Ich stimmte dem Vorschlag meines Vorgesetzten zu und wurde bereits gegen Ende meiner Lehrzeit dorthin versetzt. Kurz bevor es so weit war, eröffnete ich meinen Eltern: »Mama und Papa. Meine Firma versetzt mich nach Hamburg!« Ich habe meinen Eltern keine Chance gelassen. Sie konnten mir weder beratend zur Seite stehen noch ein Wörtchen mitreden. Mein Vater war sicherlich stark beunruhigt, denn irgendwie kam er am nächsten Tag mit einer aktuellen Ausgabe der *Hamburger Morgenpost* ums Eck, die seltsamerweise in großen Buchstaben darauf hinwies: »Dieses Jahr schon 1500 spurlos Vermisste in Hamburg!« Spooky.

»Mit eurer Tochter musstet ihr schon viel mitmachen!«, so solidarisierten sich andere Eltern mit meinen. Stimmt. Aber es war für mich der einzige Weg, meinen Wunsch und meine Unabhängigkeit zu leben. Anderen ist es nicht gelungen oder erst sehr spät. Meinem Bruder zum Beispiel. Als er sich von seiner ersten Frau trennte, redeten alle auf ihn ein, er solle wieder zurück. Schließlich habe seine Frau ein drei Monate altes Kind von ihm, und *man* lässt den anderen nicht im Stich. Welcher Druck, dem sich mein Bruder widersetzen musste. Kaum auszuhalten. Ich habe mich in seiner Trennungsphase in meinen

Semesterferien mit ihm getroffen. Wir gingen gemeinsam Inlineskaten. Meine Eltern hatten mich gebeten, mit ihm zu reden. Sicherlich würde ich an ihn herankommen, denn schließlich würde ich Psychologie studieren. Ich sehe meinen Bruder noch heute auf dem Rand des Kofferraumes sitzen. Er schaute mich an und sagte: »Tanja, ich musste immer bleiben, weil du permanent irgendwo unterwegs warst.« In seinem Blick lagen Wut und Trauer, aber auch Verständnis für mich.

Wenn es uns gelingt, diese Geschichten aufzudecken, kommen wir einen Schritt weiter und wieder in Bewegung. Mein Bruder blieb in seiner Loyalität zu unseren Eltern zu Hause stecken. Erklärt wurde seine lange Wohnzeit im Hause meiner Eltern gerne mit einem ironischen »Ist ja auch bequem im Hotel Mama und Papa«. Als er auszog, ging es direkt in die gemeinsame Wohnung mit seiner Freundin, die später seine Frau und die Mutter des gemeinsamen Sohnes wurde und von der er sich trennte. Aus heutiger Sicht weiß ich, dass es viel, viel mehr als nur Bequemlichkeit war. Mein Bruder war quasi gefangen und versuchte, meine Abwesenheit zu kompensieren. Ich weiß, zu Beginn tut man sich schwer damit, diese Art, zu denken, nachvollziehen zu können. Solche Gedankengänge sind den meisten von uns erst einmal fremd. Neue Gedanken aber eröffnen neue Möglichkeiten. Sind Sie vielleicht auch gefangen in einer Loyalität zu Ihren Eltern?

So wie es Verständnislosigkeit von unseren Eltern uns gegenüber gibt, gibt es sie aber auch in die umgekehrte Richtung. Ich bin mir sicher, dass Sie schon manchmal den Kopf über Ihre Eltern geschüttelt und sich gefragt haben, warum sie die Dinge so tun, wie sie es tun. Dann hilft es, sich zu vergegenwärtigen, wie unsere Eltern geprägt wurden. Sie bauten Deutschland auf.

Sie hinterfragten wenig. Über das Phänomen, dass unsere Eltern und Großeltern kein Essen wegwerfen konnten, habe nicht nur ich mich schon lustig gemacht. Dieses Verhalten ist aber Teil der Thematik. Haben Sie die Rast- und Ruhelosigkeit Ihrer Eltern bemerkt, die sich eigentlich – so zumindest in Ihren Augen – schon lange ein schönes Leben in ihrer wohlverdienten Rente machen könnten? Gespräche über das persönliche Befinden, über die Psyche waren bei ihnen nie üblich. Etwas tun verdrängt das Gefühl des Ausgeliefertseins: Das galt für unsere Eltern damals und gilt für viele auch heute noch. Nur wenige von ihnen finden Worte für das, was damals im Krieg und in ihrer Kindheit passiert ist. Wie gesagt, sie erinnern sich nicht und fanden es nicht so schlimm. Die Psyche des Menschen ist ein Meisterwerk der Schöpfung. Wer weiß, was alles hochkommen könnte. Ich finde die Sprachlosigkeit akzeptabel. Ihr Zollstock des Lebens steht kurz vor dem Ende des vierten Elements.

Unsere Herkunft. Wenn uns die Eltern fremd sind und wir trotzdem ihr Okay erwarten.

»Meine Eltern sind mir irgendwie fremd!« Auch diesen Satz habe ich schon häufig gehört, wenn das Gespräch in Richtung Herkunft verläuft. »Sie haben keine Ahnung davon, was ich tue.« Viele von uns haben sich zurückgezogen, den Dialog mit den Eltern aufgegeben. Ich weiß noch, wie ich einmal versucht habe, meiner Mutter die Bedeutung des Kriegs für unsere Mutter-Kind-Beziehung aufzuzeigen. Holla, die Waldfee! »Quak – quak – quak!« Das war ihre Reaktion, als es ihr zu viel wurde oder ich ihr zu nahe kam – oder was auch immer. Entgeistert starrte ich sie an. Sie agierte wie ein Kind, das die Finger in die Ohren steckt und dabei lauthals irgendeinen Quatsch singt, nur um das Gesagte nicht zu hören. Ich finde gar keine Worte dafür, was das in mir auslöste. Ich weiß aber heute, dass ich mit meinem Thema eindeutig eine Grenze überschritten hatte. Und so sind es oft die weichen, einfachen, unverfänglichen Themen, die die Dialoge zwischen uns und unseren Eltern bestimmen. Aber eben nicht unsere Lebensthemen. Welche Veränderungen wir gerne gehen würden, was uns hindert und warum wir eigentlich die Zustimmung unserer Eltern gerne hätten.

Nicht nur bei mir ist es so, dass keine wirklich tief greifenden Gespräche mit ihnen stattfinden. Es liegt so etwas wie eine unsichtbare Barriere zwischen ihnen und uns, der Generation der Kriegskinder und der Generation der Babyboomer. Inzwischen macht mir die Sprachlosigkeit aber nichts mehr aus, weil ich weiß, es gibt sie: die verschlüsselten Liebes- und Aufmerksamkeitsbeweise. Ich habe mich innerlich mit meinen Eltern versöhnt. Und das gibt mir die Kraft und Ruhe, meine Energie auf die Dinge zu lenken, die ich gerne in meinem Leben machen möchte. Ich brauche nicht immer nach der Anerkennung, dem Okay meiner Eltern zu schielen. Auch wenn ich mich dabei ertappe, wie ich es trotzdem tue. Versöhnen Sie sich innerlich mit Ihren Eltern und leben Sie Ihr Leben!

Unsere Herkunft: Wie uns unsere familiären Glaubenssätze beeinflussen – der liebe Gott sieht alles!

Ich habe mich oft gefragt, welchen Beruf meine Eltern hätten, wenn sie in der heutigen Zeit oder zumindest in meiner Jugend aufgewachsen wären. Wenn sie diese Chance gehabt hätten. Bevor er in Rente ging, war mein Vater kaufmännischer Angestellter und Busfahrer. Vielleicht würde er unter heutigen Bedingungen so etwas Ähnliches machen wie ich. Auf jeden Fall würde er auf der Bühne stehen. Er liebt es.

Meine Mutter war Erzieherin und Bedienung. Ich habe wirklich überhaupt kein Gefühl dafür, welchen Job sie heute machen würde. Aber sicherlich würde Sie sich dafür einsetzen, dass es für Frauen wunderschöne Schuhe in Übergrößen zu guten Preisen jederzeit an jedem Ort dieser Welt geben würde. Welcher lange Satz! Was Sie aber bisher noch nicht wissen: Alle Frauen meiner Familie mütterlicherseits leben auf großem Fuß. Ich habe Schuhgröße 43,5, meine Mutter 44. Irgendwie ein weiteres Trauma für meine Mutter. Wie bereits gesagt, eine Möglichkeit, Traumatisierungen zu verarbeiten, ist, permanent darüber zu reden. Wenn ich gemeinsam mit meiner Mutter zum Schuheeinkaufen gegangen bin, erklärte sie ausführlich und anschaulich jeder Verkäuferin, welche Mühe sie als Jugendliche hatte. Junge Frauen wollen schließlich schöne damenhafte Schuhe anziehen! Und sie? Sie hätte zu ihrer Konfirmation sogar Männerschuhe tragen müssen! Oft waren mir die Schilderungen meiner Mutter peinlich. Die Verkäuferinnen entstammen nämlich in den allermeisten Fällen einem Jahrgang, in welchem es total normal und sogar »in« ist, Jungsschuhe zu tragen. Sie konnten die Tragweite der Bedeutung für meine Mutter gar nicht nachvollziehen.

Nach meinem Abitur 1988 machte ich eine kaufmännische Ausbildung. »Lerne einen kaufmännischen Beruf, dann hast du was! Kaufmännische Angestellte werden immer gebraucht! Da findest du immer etwas.« Meine Antwort darauf heute: »Einen Job sicherlich, aber meine Berufung eher nicht!« Und so haben viele der Menschen in der Mitte ihres Lebens einen Beruf erlernt, um eine solide Grundlage und etwas Sicheres in Händen zu halten. Auch wenn wir vielleicht aufregende andere Wünsche hatten, so haben wir in der Regel diese Gründe nicht hinterfragt und einfach unreflektiert übernommen. Frage an Sie: Würden Sie heute noch einmal den gleichen Beruf erlernen? Ja? Toll! Nein? Welcher Job würde Ihnen heute die Freudentränen in die Augen treiben?

Ich habe Kauffrau gelernt. Ein Job, der mir durchaus Spaß gemacht hat. Noch heute kann ich hervorragend auf meine damals erworbenen Kenntnisse und Fähigkeiten zurückgreifen. Der Beruf hat mich aber nie erfüllt.

Wie anders wäre mein Weg verlaufen, wenn meine Eltern Akademiker gewesen wären? Was hätte ich im ersten Schritt aus meinem Abitur gemacht? Müßig, darüber nachzudenken oder gar mit dem eingeschlagenen Weg zu hadern. Heute gibt es etwa mit dem Studienkompass der Stiftung der Deutschen Wirtschaft für junge Gymnasiasten aus Nicht-Akademiker-Familien ganz andere Möglichkeiten. Durch eine gezielte Begleitung erhalten die jungen Menschen die Möglichkeit, genau das für sich herauszufinden. Mein persönliches Resümee an dieser Stelle: Ich bin froh, dass alles so gekommen ist, wie es gekommen ist. Auch der Weg musste genau so sein, wie er war. Ich bin ihn gegangen und lebe heute den Beruf, den ich über alles liebe. Ich frage niemals nach der Uhrzeit. Ich stehe jeden Tag gerne für meinen Job auf. Berufung nennt man das wohl. Aber ich bin auch sehr, sehr dankbar für das, was ich in meinem kaufmännischen Beruf erlernt habe. Ich brauche dieses Wissen jeden Tag.

Sätze wie »Da hast du was Sicheres!« prägen unser gesamtes Verhalten. Wir glauben daran, ohne sie zu hinterfragen. Diese Sätze entstehen meistens in Zeiten, in denen sie sinnvoll und förderlich sind. Aber es kommen Zeiten, in denen sie einfach nicht mehr stimmen. Und sie dann zu identifizieren und sich von ihnen zu lösen – wo sie doch Jahre und Jahrzehnte gestimmt haben –, ist Veränderung der hohen Kunst.

In einem meiner Seminare war einmal eine Führungskraft, die durch das unternehmensinterne Managementfeedback die Entwicklungsaufgabe erhalten hatte, sich in Zukunft deutlicher durchzusetzen. Auch mal die Zähne zu zeigen und die Ellenbogen auszufahren und sie auch einzusetzen. Ich fragte den Mann nach seiner Familie und welche Sätze früher bei ihm zu Hause häufig fielen. Er tappte im Nebel herum und fand keine Antwort. Zwei Stunden später stand er plötzlich wie von der Tarantel gestochen auf und rief: »Frau Köhler, ich habe die Antwort! Ich weiß es jetzt! … Mein Vater! … Mein Vater hat immer zu uns gesagt: ›Sei lieb und brav! Der liebe Gott sieht alles!‹«

Es sind nicht nur die offensichtlichen Glaubenssätze, die unser Verhalten prägen. Es sind vor allem die, die verdeckt und zum Teil nur schwer im Nebel ausmachbar sind. Meine frühere Mitarbeiterin hat – wenn ihr alles irgendwie zu viel wurde – gerne mal kurz und knapp gestöhnt, nur um sich mit einem »Ach, was soll's!« wieder munter ins Getümmel zu stürzen. Ihre Mutter hatte ihr von klein auf mit auf den Weg gegeben: »Cettina, wenn du noch etwas in deinem Leben erleben möchtest, dann musst du dich bewegen und rennen – rennen – rennen! Und zwar mehr als alle anderen! Deutlich mehr!« Cettina wurde 1975 in Italien geboren. Sie erkrankte bereits als Kleinkind an einer Muskelerkrankung und sitzt seit ihrem 14. Lebensjahr im Rollstuhl. Der ganze Körper ist betroffen. Sie kann nur wenige Körperteile selbständig bewegen. Aber keinen Rollstuhl sieht man mehr in unserer Heimatstadt herumflitzen als Cettinas. Neulich sagte sie zu mir: »Ich brauche wieder neue Reifen, meine alten sind abgefahren.« Ich finde das – charmant und liebevoll gemeint – echt abgefahren! Sie nicht auch? Anstatt der prognostizierten acht Lebensjahre und Kinderlosigkeit ist sie letztes Jahr 40 geworden und hat zwei großartige Jungs. Go, Cettina, go!

Einer der mächtigsten kollektiven Glaubenssätze, denen ich in meiner Beratungstätigkeit bisher begegnet bin, stammt ausgerechnet aus meiner schwäbischen Heimat. Wie heißt es bei uns so schön? »Schaffe, schaffe, Häusle baue!« Eine ganze Reihe hochwirksamer und festgefressener Glaubenssätze verbergen sich hinter diesen scheinbar lustigen Worten. Was ich damit meine? In unseren hiesigen, vorwiegend inhabergeführten Familienunternehmen hat der Spruch folgende handlungsleitende Bedeutung: »Schaffe, schaffe, Häusle baue! Aber: Schaffe ist schaffe. Und Coaching und Weiterbildung sind kein richtiges »Schaffe« – außer es geht um fachliche Weiterbildung.« Erschreckend: Der Glaubenssatz wirkt nicht nur bei Chefs, sondern vor allem auch bei Mitarbeitern. Vor allem bei denen, die sich in der Mitte ihres Lebens befinden.

Wie viele Kämpfe habe ich schon mit diesem Glaubenssatz gekämpft. Bei den Unternehmensgründern meiner Region habe ich sie alle verloren. Bei den Unternehmensnachfolgern sieht es ein bisschen rosiger aus. Oft würden sie gerne, sind aber gefangen in ihrer Loyalität zu den Eltern. Aber ehrlich gesagt: Einige von ihnen glauben auch nicht so richtig an die Wirkkraft. Erst langsam ist ein Umdenken spürbar. Als ich mich direkt nach meinem Studium bei den Heimatunternehmen als Personalentwicklerin beworben habe, haben alle Unternehmen, bei denen ich nach Beendigung des Studiums meine Initiativbewerbungen abgegeben hatte, abgewunken. So was bräuchte man nicht. An dieser Stelle möchte ich alle Unternehmer aufrütteln! Ihr habt keine Zeit mehr! Macht endlich was, damit ihr nicht noch mehr wertvolle junge Menschen verliert! Diese wollen sich weiterbilden, sich ausprobieren, sich verändern und weiterentwickeln. Und wenn sie das nicht von ihrem aktuellen Arbeitgeber bekommen, ziehen sie weiter. Die Sicherheit des Jobs sowie das vielleicht tolle Lokalimage des Unternehmens hält sie nicht. Ein solches Verhalten gehört endgültig der Vergangenheit an!

Jeder Mensch unterliegt Glaubenssätzen. Manche sind gut, manche halten uns davon ab, unseren Wünschen nachzugehen. Welche Glaubenssätze hielten mich davon ab, schon früher mit dem Dudelsackspielen anzufangen? Einer liegt auf der Hand. Vielleicht kennen Sie ihn aus Ihrer Familie. »Musikinstrumente lernt man in jungen Jahren!« Auf einen anderen stieß ich erst sehr spät. Zu meinem 46. Geburtstag schenkte ich mir selbst den Practice Chanter, die Übungsflöte für die Great Highland Bagpipe. Beim Geburtstagskaffee mit meinen Freunden und meiner Familie stellte ich allen ein Rätsel: »Ich schenke mir selbst ein Musikinstrument, was glaubt ihr, was es ist?« Keine der Antworten war richtig. Ich musste ziemlich nachhelfen, damit sie darauf kamen. Als ich das herzhafte Lachen meiner Eltern sah, wusste ich, welcher Glaubenssatz mich noch davon abgehalten hatte. »Dudelsackspieler sind Witzfiguren!« Immer wenn im Fernsehen ein Dudelsackspieler kam, machte unsere Familie Witze über das pausbäckige Aussehen der Dudler. Auch ich. Zugegebenermaßen, viele von ihnen sehen wirklich ziemlich seltsam aus. Mancher Dudelsackspieler erinnert den Zuschauer an das krötenartige Wesen aus der Verfilmung von *Star*

Wars: Jabba der Hutte. Wenn exzessives Blasen auf eine Hautschwäche stößt, kann es zu unschönen Bindegewebsausdehnungen kommen – sowohl im Halsbereich als auch in den Backen. Ich hatte einfach Angst davor, eine Witzfigur zu sein. Inzwischen habe ich einen neuen Glaubenssatz für mich entwickelt. Ich glaube, dass Dudelsackspielen effektiver als jede Botoxkur für die dämlichen Lippenfalten ist. Das Spielen der Great Highland Bagpipe erfordert einiges an Lippenmuskulatur, die sich erst durch das regelmäßige Spielen des Instrumentes entwickelt. Vielleicht sind Dudelsackspieler auch die besseren Küsser? Wer weiß!

Welche versteckten Glaubenssätze haben Sie?

Hätte ich von einer Fee einen Wunsch frei, würde ich mir wünschen, dass Sie sich jetzt fragen, wie Sie an Ihre versteckten Glaubenssätze herankommen. Sie ausfindig machen können. Es gibt nur einen Weg: Beobachten – beobachten – beobachten und hinhören – hinhören – hinhören.

Welche familiären Redewendungen gab und gibt es?

Welche Sätze fielen bei Ihnen zu Hause häufig?

Wenn Sie nicht gleich darauf kommen, so fragen Sie Ihre Freunde. Der Weg zu den versteckten Glaubenssätzen führt über eine intensive Beschäftigung mit sich und seiner Herkunft. Die offensichtlichen sind leicht entdeckt: »Was man hat, das hat man! Der Spatz in der Hand ist besser als die Taube auf dem Dach! Was Hänschen nicht lernt, lernt Hans nimmermehr!« Hatte ich schon erwähnt, dass mein Vater Hans mit Vornamen heißt?

Freilich müssen nicht alle Glaubenssätze aufgelöst werden. Zum Beispiel Cettinas Glaubenssatz: »Du musst rennen – rennen – rennen!« Cettina liebt die Bewegung in ihrer Bewegungslosigkeit. Warum also stoppen? Und auch die oben erwähnte Führungskraft hat ihren Glaubenssatz nicht aufgegeben und sich trotzdem verändert. Der gute Mann hat als Konsequenz seine Position als Führungskraft aufgegeben. Er ist in die zweite Reihe zurückgetreten. Ellenbogen ausfahren ist etwas für andere. Er ist gerne ein braver Mann.

Machen Sie sich auf die Suche nach Ihren Glaubenssätzen. Nehmen Sie wahr, wie diese wirken und was sie bewirken, und entscheiden Sie selbst, welche Konsequenz Sie daraus ziehen. Wichtig ist, dass Sie sie identifizieren. Sie wissen ja: von der unbewussten zur bewussten Inkompetenz. Erst wenn sie bewusst sind, können sie an ihnen arbeiten. Einen meiner heftigsten Glaubenssätze habe ich übrigens erst identifiziert, als ich mich mit der Vergangenheit meiner Eltern beschäftigt habe. Er lautet in etwa: »Ich bin das Kind eines bedeutungslosen Flüchtlings. Deswegen bin auch ich bedeutungslos. Ich bin die Tochter eines Busfahrers und einer Bedienung. Wer eine solche Herkunft hat, kann nicht Unternehmensbosse beraten.«

Arsch lecken! Ich kann das! Wer sonst kennt sich mehr mit dem Thema »Veränderungen« aus, wenn nicht das Kind und Enkelkind von Flüchtlingen? Okay! Ich gebe es zu. Manchmal taucht dieser Glaubenssatz als Nebel ganz plötzlich – wie aus dem Nichts – wieder auf. Aber er hat keine Macht mehr über mich. Er ist nur noch eine kleine Nebelschwade, die sich angesichts der Sonne schnell wieder verzieht.

Vorwärts in die Vergangenheit.

Seien Sie neugierig auf das Leben Ihrer Eltern und das, was diese in ihrer eigenen Kindheit erlebt haben. Tauchen Sie vorwärts in die Vergangenheit ein.

Wer sind Ihre Eltern und Großeltern? Was hat sie geprägt?

Welches sind die Geschichten, die immer wieder erzählt werden? Und was haben diese mit Ihnen und Ihrem heutigen Leben zu tun?

Wo werden Sie durch Ihre Herkunft gebremst?

Was würde passieren, wenn Sie Gas geben würden? Und wo sind Sie aufgrund Ihrer Familiengeschichte vielleicht permanent auf der Flucht?

Und was würde passieren, wenn Sie anhalten würden?

Fragen über Fragen, und ich wünsche mir, dass Sie sich Zeit für sie nehmen und nicht nur über die Auflistung hinweglesen. Halten Sie inne und lassen Sie sie auf sich wirken. Immer wieder und wieder. Vielleicht schenkt Ihnen die Antwort auf eine der Fragen einen denkwürdigen Moment, vielleicht sogar einen Schlüsselmoment.

 Wir können die Geschichte unserer Eltern nicht ungeschehen machen. Nicht wiedergutmachen. Es ist die Geschichte unserer Eltern. Aber wir tun gut daran, zu wissen, dass sie Einfluss auf uns und unser Verhalten hat. Und dass wir darin einen Schlüssel finden können, uns auf unser eigenes Leben zu besinnen und es zu leben.

 Eine Frage, auf die meines Erachtens Wirtschaftsunternehmen eine Antwort finden sollten, lautet: Wie kann es uns gelingen, in der Entwicklung unserer Mitarbeiter dem Kriegsschrecken der Eltern gerecht zu werden? Es braucht so etwas wie ein »45-plus-vererbtes-Kriegskinderverhaltensprogramm«, in welchem die per Generationentransfer ererbten Verhaltensmechanismen adäquat berücksichtigt werden. Ich bin felsenfest überzeugt, dass wir hierzu rasch ein Konzept erarbeiten können, damit die Personaler und Geschäftsführer nicht an den Menschen in der Mitte ihres Lebens verzweifeln.

»Noch ahnte man nicht, dass man einer Generation angehörte, für die sich leider das ganze Leben, selbst an Montagen, anfühlte wie die träge Bewegungslosigkeit eines Sonntagnachmittagsessens.« So lautet der Klappentext des Buches *Generation Golf* von Florian Illies. Eine sarkastische Annäherung an die Generation der um 1970 Geborenen. Ich las es während meines Studiums. Unser Leben muss nicht so sein wie auf dem Klappentext beschrieben. Ich glaube fest, dass die Zeit für das Prinzip der ansteckenden Gesundheit gekommen ist. Dass Menschen wie ich, die sich in der Mitte ihres Lebens befinden, über die Beschäftigung mit der Kindheit der eigenen Eltern einen Weg finden, wie sie ihr Leben selbstbestimmt weitergestalten. Wieder Spannung und Tiefe geben. Dafür braucht es Vorbilder. Viele Vorbilder. Wenn ich mir die Bühne des Lebens nehme und mich traue, ganz alleine zu glänzen, könnte ich mit meinem Dudelsackspiel und meiner gelebten Begeisterung für Schottland unter Umständen – eventuell – vielleicht – möglicherweise ein Ansporn für Sie sein. Na? Spüren Sie, wie die Dringlichkeit in Ihnen wächst?

Dritter Dringlichkeitsfaktor: Suchen Sie den einen einzigen richtigen Impuls!

Was trägt der Schotte unter dem Kilt?
Immer wieder stachelt sie die schlüpfrigen Spekulationen der Menschen an. Die Frage danach, ob ein Schotte unter dem Kilt eine Unterhose trägt oder frisch und frei unterwegs ist – so, wie der liebe Gott ihn geschaffen hat. So viel sei gleich zu Beginn verraten: Ob Mann etwas unter dem Schottenrock trägt oder nicht, bleibt heutzutage in der Regel dem Träger selbst überlassen. Die Kiltträger in früheren Zeiten trugen das sogenannte Leine Croich. Das war ein langes Leinenhemd, das bis über die Knie reichte und zwischen den Beinen zusammengebunden wurde, damit dort nichts baumelte oder gar fror. Klar ist, dass zumindest die Angehörigen des schottischen Regiments auf Unterwäsche verzichten – aus Gründen der Tradition. In den Uniformregularien heißt es: »Ein Highland-Soldat gilt als nicht vorschriftsmäßig uniformiert, wenn er irgendetwas unter dem Kilt trägt!« Woher kommt diese Tradition? In früheren Zeiten der vergangenen Jahrhunderte durften sie explizit keine Unterwäsche tragen, um dem Ungeziefer in den Kasernen vorzubeugen. Die kleinen Tierchen sollten sich nicht allzu warm und behaglich fühlen. Nun wissen Sie zumindest die Antwort für die Infanteristen des Highland-Regiments. Doch wer weiß, was der gemeine Schotte vor Ihnen unter dem Kilt trägt? Ein schottischer Gentleman schweigt, und so dürfen Sie weiterhin den Impuls verspüren, den Kilt des Schotten vor Ihnen zu lüften.

50. Viele Coaches und Trainer sagen, dass es im Durchschnitt 50 Impulse braucht, bis Menschen in ihre gewünschte Veränderung kommen. 50. Woher kommt diese Zahl? Eventuell pro Lebensjahr ein Impuls? Glaube ich nicht! Ich habe lange recherchiert und nach wie vor keinen blassen Schimmer, woher diese Zahl kommt. Ich habe keine Experimente und Belege dazu gefunden. Liegt die Vermutung nahe, dass es sich bei dieser Zahl um eine Lüge – um eine willkürliche Zahl handelt? Eine willkürliche Zahl, die die Wahrscheinlichkeit erhöht, dass der richtige Impuls tatsächlich darunter ist.

Ich stelle meinen Kunden viele Fragen. Unglaublich viele Fragen, auch vermeintliche Tabufragen. Und ich erzähle Geschichten, ziehe Vergleiche und gebe Beispiele und, und, und. Alles dient dazu, ihn zu finden. Den einen einzigen richtigen Impuls. Der, der mein Gegenüber in Bewegung versetzt. Auch ich weiß nicht, an welcher Stelle und womit genau ich diesen Impuls setze. Kommissar Zufall. Wenn ich es wüsste, hätte ich die Wahrheit nicht nur mit Löffeln gefressen, sondern mit einer sechs-Liter-Infusionsflasche verabreicht bekommen. Und dann würde ich auf dem größten aller Throne sitzen und wäre die Königin aller Veränderungsgurus, und die ganze Welt würde zu mir kommen und mir Tausende von Euros zahlen, weil ich sie hätte: die Antwort auf die Frage aller Fragen.

Wie komme ich in Bewegung?

Keine Angst, ich bin nicht größenwahnsinnig geworden. Ironie ist in der Regel kein guter Ratgeber, aber Spaß macht es trotzdem, wenn man kurz die Gedanken in unmögliche Welten schweifen lassen kann.

Ich weiß es nicht, wann es passiert. Wann ich mit meinen Fragen und Interventionen die Stelle treffe, die einen denkwürdigen Moment auslöst und zum Nachdenken auf einer anderen Ebene anregt. Aber wissen Sie was? Ich freue mich wie eine Schneekönigin, wenn ich irgendwann mal – oftmals auch Wochen und Monate später – eine Rückmeldung bekomme.

Eine meiner Lieblingsmethoden, um bei meinen Kunden den richtigen Veränderungsimpuls zu finden, haben Sie schon kennengelernt: das Zollstockexperiment. Wie viel Zeit bleibt Ihnen noch? Wie viel Zeit möchten Sie noch in einer unliebsamen Situation stecken? Und wie viel Zeit haben Sie schon verplempert? Ja, ich gebe es zu, meine Zollstockmetapher war schon oft der ausschlaggebende Moment für Ehetrennungen. Das fühlt sich für mich per se nicht ganz so gut an, aber ich weiß um die neu erwachte Lebensfreude der Menschen.

Als meine Oma mit 96 Jahren starb, durfte ich sie in meinen Armen halten. Fünf Tage wechselten mein Vater und ich uns ab und begleiteten sie auf ihrem letzten Weg. Das Letzte, was meine Oma kurz vor ihrem Tod hörte, war mein herzhaftes Lachen. Sie musste niesen, und ich antwortete aus dem Reflex heraus mit »Gesundheit!« Schon seltsam, dieser Wunsch zu diesem Zeitpunkt. Eine Minute später schloss sie für immer die Augen. Es war zwei Minuten nach Mitternacht, der Geburtstag meines Bruders. Die Krankenschwester hörte mich weinen und kam zu mir ins Zimmer, in ihrer Hand einen Briefumschlag für mich. Irgendwann am frühen Morgen öffnete ich ihn. Eine Beileidskarte. Auf der Karte ein Vers des Theologen Dietrich Bonhoeffer: »Von guten Mächten wunderbar geborgen, erwarten wir getrost, was kommen mag. Gott ist bei uns am Abend und am Morgen und ganz gewiss an jedem neuen Tag.«

Das war für mich der ausschlaggebende Impuls, nach über 15 Jahren wieder in die evangelische Kirche einzutreten. Dietrich Bonhoeffers Vers war das gesamte Leben der Leitspruch meiner Oma gewesen. Er hing eingerahmt an der Wand ihres Schlafzimmers. Wenn ich heute an meine Oma denke und mein altes Poesiealbum aufschlage, steht er dort, der Vers. Geschrieben von ihr, als ich sieben Jahre alt war, mit der für die Generation meiner Oma typischen altmodischen Schrift.

Ich bin überzeugt, dass Aphorismen und Zitate – wie der Vers von Dietrich Bonhoeffer – das Potenzial für einen denkwürdigen Moment haben. Das Problem ist nur, dass die Menschen nicht mehr innehalten und genauer, tiefer über sie nachdenken. Mein Tipp: Wenn Ihnen ein Zitat gut gefällt, hat es etwas mit Ihnen und Ihrem Veränderungsthema zu tun. Dann lohnt es sich, anzuhalten und in sich hineinzuschauen. Ehrlich zu sein. Und die Frage zu stellen, was das Zitat mit einem selbst zu tun hat.

Mit Unternehmen gehe ich gerne in soziale Projekte, um die richtigen Veränderungsimpulse zu finden. Ich schaffe Begegnungen mit Menschen, auf die die Mitarbeiter in der Regel in ihrem Alltag nicht treffen. Ein Personalleiter rief mich eines Tages an und bat mich, ihn zu unterstützen, dass seine Azubis weniger jammern würden. Gemeinsam entwickelten wir ein Projekt mit Straßenkindern in Berlin. In einem gut vorbereiteten Setting bauten die Azubis gemeinsam mit den Kids unter anderem einen Gemüsegarten. Echte Begegnungen, in denen beide Seiten miteinander ins Gespräch kamen. Fazit der Azubis: »Über was jammern wir eigentlich?«

Oder das Projekt, in welchem sich Führungskräfte und Azubis gemeinsam für die gute Sache engagierten. Sie bauten für einen Familientreff ein Erdtrampolin für Kinder aus sozial benachteiligten Familien. Ein Topmanager und ein Azubi, der noch keine drei Wochen im Unternehmen war, hoben gemeinsam das Erdreich aus und standen Seite an Seite im knietiefen Erdloch. »Für was bist du in unserem Unternehmen verantwortlich?«, fragte er den Manager. Er hatte keinen blassen Schimmer, um welche Prominenz es sich neben ihm handelte. Antwort des Managers nach kurzem Zögern: »Das frage ich mich auch manchmal!« Für die Führungskräfte und die Azubis war das Projekt ein wichtiger Impuls, um aufeinander zuzugehen. Denn nur gemeinsam sind wir erfolgreich, so lautet ein Teil der Unternehmensphilosophie des Unternehmens. Plötzlich bekommen geschriebene Worte eine gelebte Bedeutung.

Viele soziale Projekte haben meine Augen zum Leuchten und meine Kunden in die Veränderung gebracht. Seien es die Führungskräfte, die von blinden Mitmenschen gelernt haben, wie sie ihren Mitarbeitern Orientierung im beruflichen Alltag geben. Oder der junge Meister, der sich von mehrfach Schwerstbehinderten etwas abgeschaut hat – was es bedeutet, glücklich zu sein. Solche Begegnungen ermöglichen Veränderung. Lernen von anderen Welten, sich entwickeln durch Kontraste.

Mir ist es wichtig, dass die Menschen nicht darauf warten, dass ein Impuls wie ein Prinz auf dem Pferd angeritten kommt. Das tut er sowieso nicht. Aber wenn Sie sich aktiv auf die Suche nach ihm begeben, erhöht sich die Wahrscheinlichkeit, dass Sie ihn finden.

Den Impuls, den Dudelsack auf die Vortragsbühne zu bringen, den verdanke ich übrigens einem befreundeten Bühnencoach. »Tanja, mit deinem Dudelsack-Veränderungsvortrag, mit dem bist du einzigartig!« Bingo! Ich darf offiziell glänzen! Ganz alleine, ohne geliehene Macht. Die Bühne gehört mir, und ich nehme sie mir!

The Lone Piper – der Highlander unter den Dudelsackspielern

Was für ein Bild! Ganz alleine steht er da – imposant gekleidet vor beeindruckender Kulisse – und den Dudelsack spielend. Klar und deutlich, oft traurig – melancholisch klingend. Mancher denkt über ihn, er wäre einfach ein guter Spieler und deswegen Solist. Aber der Lone Piper ist weit mehr als das. Er ist eine Idee, eine Hommage an längst vergangene Zeiten. Zum Haushalt eines jeden Clan Chiefs – so wurden die Oberhäupter der schottischen Familienverbünde genannt – gehörte neben einem Barden auch ein Piper. Sofern er sie sich beide leisten konnte. Musikalisch war die Aufgabe des Pipers, bedeutende Ereignisse auszudrücken: Geburts- und Vermählungshymnen, Heldentaten, Totenklagen, Versammlungssignale sowie Streit-, Kriegs- und Wettkampfmusiken zu komponieren und zu spielen. Bei Strafe war es dem Piper untersagt, Unterhaltungsmusik zu spielen. Hierfür waren die Barden und die Harfenspieler zuständig.

Kapitel 4

Z WIE ZIELE KLÄREN.
WARUM NICHT JEDES LIED AUF EINEM DUDELSACK SPIELBAR IST!

*»Ich brauche keine Therapie.
Mir genügt ein Urlaub in Schottland!«*

Was auf dem Dudelsack möglich ist, und was nicht
Nicht jedes Lied ist auf dem Dudelsack spielbar. Über die Drones erzeugt die Great Highland Bagpipe einen Dauerton. Das bedeutet, dass die bei anderen Instrumenten sonst üblichen Interpretationsmittel wie Pausen und variierende Lautstärken nicht möglich sind. Manches Lied kann zwar gespielt werden, wird aber vom Publikum nicht wiedererkannt. Zur Trennung von zwei Tönen gleicher Tonhöhe muss auf dem Dudelsack mindestens ein anderer Ton kurz dazwischen gespielt werden. Das sind die sogenannten Gracenotes. Viele weitere für den Dudelsack spezifische Verzierungen haben sich aus der Notwendigkeit eines solchen Zwischentons entwickelt. Oft sind es sogar mehrere kurze Töne hintereinander,

bevor der eigentliche Ton gespielt wird. Bis ein Bagpiper solche Verzierungen beherrscht, sind viel Übung und Fingerfertigkeit notwendig. Einige Lieder sind allerdings schon von vornherein nicht spielbar, weil der schottische Dudelsack nur über neun Töne verfügt. Halbtöne gibt es nicht. Wer ein entsprechendes Instrument hat und ein guter Spieler ist, der bekommt über Gabelgriffe elf Töne hin. Mancher sogar noch ein bis zwei Töne mehr. Eine Kunst für sich.

»Ich warte schon so lange auf den einen Moment, ich bin auf der Suche nach hundert Prozent. Wann ist es endlich richtig? Wann macht es einen Sinn? Ich werde es erst wissen, wenn ich angekommen bin …«

Manchmal berühren auch einfache Liedpassagen unser Herz. Als das deutsche Pop-Duo Ich & Ich mit Adel Tawil als Lead-Stimme das Lied »So soll es bleiben« herausbrachte, steckte ich inmitten meines 17. Umzuges. Mit Sack und Pack ging es vom Ruhrgebiet zurück in meine süddeutsche Heimat. Offizielle Begründung: »Dort wohnen meine Eltern, und unser Sohn ist gut betreut, wenn mein Mann und ich beruflich unterwegs sind.« Der innere Antrieb: meine übliche nach zwei bis drei Jahren auftretende innere Unruhe. Eine Freundin hatte mir zum Abschied eine CD geschenkt. Auf der A 3 in Richtung Süden – kurz nach dem Dreieck Heumar – legte ich sie ein und es erklangen die ersten Strophen des Liedes. Ich hatte es zwar schon ab und zu im Radio gehört, dem Text aber bis dato noch nie meine Aufmerksamkeit geschenkt. Ein denkwürdiger Moment, der mir eine höchst emotionale Autofahrt bescherte. Hinter mir der Abschied von der lieb gewonnenen Wahlheimat im Ruhrgebiet, vor mir der neue Lebensabschnitt in meiner ursprünglichen Heimat. Und dazwischen immer die zweifelnden Gedanken: »Ist es diesmal richtig? Werde ich für mich sagen können, dass ich angekommen bin? Back to the roots – nach fast 20 Jahren? Lichtet sich jetzt endlich der Nebel?«

Ich weiß es, ehrlich gesagt, immer noch nicht, um was es bei meiner inneren Unruhe geht. Doch die Zeilen des Liedes helfen mir, mich mit aller Kraft gegen den inneren Impuls zu stemmen, nach zwei bis drei Jahren erneut die Umzugskartons zu packen und in den nächsten Abschnitt zu springen. Gute Begründungen gibt es wie Sand am Meer, einen wirklichen Sinn ergeben nur die allerwenigsten.

Wann haben wir unser Ziel erreicht? Bei vielen unserer Sehnsüchte werden wir es erst wissen, wenn wir am vermeintlichen Zielort angekommen sind. Welcher Moment, wenn wir dann sagen können: »Yeah! Das ist es!« Vielleicht stellen wir aber auch fest, dass wir weiterhin Getriebene von neuen Sehnsüchten sind. Und wieder, und wieder, und wieder. Wenn dem so wäre, dann stellt sich die spannende Frage, um was es wirklich geht, wenn der Nebel der Sehnsüchte sich lichtet. Vielleicht braucht es dafür eher einen therapeutischen Ansatz und dieses Buch greift zu kurz. Ich persönlich brauche keine Therapie. Mir genügt ein Urlaub in Schottland!

Lassen Sie uns einfach davon ausgehen, dass dieses Buch für Sie genau das Richtige ist. Es begleitet Sie Schritt für Schritt dabei, sich selbst in Ihrem Veränderungswunsch und gezeigten Verhalten zu verstehen. Die drei wesentlichen Aspekte der Dringlichkeit haben wir bereits bearbeitet: Sie sind zu sich ehrlich. Sie kennen Ihre Herkunft. Und Sie sind auf der Suche nach dem einzigen richtigen Impuls. Jetzt müssen wir als Nächstes

Klarheit in Ihren Veränderungswunsch bringen. Oder anders gesagt: Wie sieht das Ziel aus? Gibt es überhaupt eines oder ist es eher ein Gefühl wie: »Irgendwie muss jetzt bald mal irgendetwas passieren, sich ändern. Aber was nur?«

Ziele – vorgegeben oder selbst gesteckt?

Damals, als ich am Flughafen von Edinburgh stand und gemeinsam mit meinen Freunden auf den Flieger zurück in die Heimat wartete, prägte sich deutlich in meinem Kopf ein Ziel aus: »Ich möchte Dudelsack spielen können!« Augenzwinkernd hat mich manch einer gefragt, ob mich nicht in Wahrheit jemand mit vorgehaltener Waffe dazu gezwungen hätte, dieses Monstrum an Instrument zu erlernen. Ebenso augenzwinkernd erwidere ich inzwischen: »Woher wissen Sie? Tatsächlich! Allerdings eine psychologische Waffe, nämlich ein denkwürdiger Moment in Schottland und ein Zollstock.« Ich gebe es zu: Ich liebe inzwischen diese verwirrten Gesichter, aber auch die sich anschließenden Gespräche über Ziele von Menschen in der Mitte ihres Lebens. Wie bereichernd es ist, dass ich mich inzwischen traue, von diesem Moment am William Wallace Monument zu berichten.

Vielleicht haben Sie sich gefragt, was ich nach meinem Psychologiestudium an der TU Berlin gemacht habe. Und wie ich von dort ins Ruhrgebiet gekommen bin. Ganz einfach: Ich absolvierte das Studium höchst erfolgreich, fand aber keine Anstellung. Nach einigen Monaten bekam ich von einer kleinen Unternehmensberatung im Ruhrgebiet eine Chance. Eine Chance von null auf 100. Eine Chance, die meinem Streben nach

Anerkennung und Respekt durchaus dienlich war: von der Absolventin direkt in eine leitende Position. Von einem Tag auf den anderen verantwortete ich den Geschäftsbereich Personalentwicklung. Welche Karriere! Aus heutiger Sicht war die Stelle definitiv fünf Nummern zu groß für mich, denn, ehrlich gesagt, ich hatte keine Ahnung. Aber ich hatte mich gut im Vorstellungsgespräch verkauft und in der nachfolgenden Zeit wacker geschlagen. Köhler-Pokerface und ab durch die Mitte! Learning by reading and doing. Lesen deswegen, weil mein Arbeitgeber zwar Qualifizierungsmaßnahmen für Führungskräfte und Mitarbeiter an Unternehmen verkaufte, wir Mitarbeiter selbst jedoch keinerlei Förderung erhielten.

Circa zwei Monate nachdem ich die Position angetreten hatte, wurde ich für ein Seminar zum Thema »Rückkehrgespräche führen« gebucht. Die Pflegedienst- und Wohnbereichsleitungen einer Senioreneinrichtung sollten geschult werden, mit ihren Mitarbeiterinnen bei einer Abwesenheit von mehr als fünf Tagen ein sogenanntes Rückkehrgespräch zu führen. Egal, ob die Abwesenheit durch Urlaub, Weiterbildung oder Krankheit bedingt war. Das Seminar begann um acht Uhr. Ich hatte schon alles im Raum vorbereitet und freute mich auf die Teilnehmerinnen. Punkt acht Uhr ging die Tür auf und eine Mauer des Schweigens kam herein. Heruntergezogene Mundwinkel, verschränkte Arme. Ablehnung, fast schon Feindseligkeit. Auf meine fröhlichen Fragen, wie es ihnen gehen würde und was sie vom Seminar erwarten würden, kamen nur einsilbige Antworten zurück. Hätte ich mir auch sparen können! Es war offensichtlich, dass keiner Bock hatte. Hilflos – das beschreibt es am besten, hilflos war ich. Hilflos und überfordert. Mit der Heimleitung hatte ich einige Zeit zuvor in angenehmer Atmosphäre einen Leitfaden für das Seminar ausgearbeitet sowie Ziele und Inhalte mit ihr festgelegt. Doch mit jeder Minute, die im Seminar verging, spürte ich: »Keine Chance, Tanja! Hier kannst du einpacken!«

Und dann habe ich allen Mut zusammengenommen und mich getraut. Ich weiß nicht mehr den genauen Wortlaut, aber ich sagte irgendetwas wie: »Ich weiß nicht, um was es geht. Aber weder Ihnen noch mir geht es hier gut!« Die Antwort kam direkt: »Wir sind nicht hier, weil wir wollen, sondern weil wir müssen! Aber wir wollen und werden keine Sanktionsgespräche mit unseren Kolleginnen und Kollegen führen!« Von dem Phänomen »Widerstand gegen den Wandel« hatte ich im Studium zwar gehört, dennoch hätte ich niemals im Traum gedacht, dass es sich mir ausgerechnet in einem – zumindest für mich – vermeintlich harmlosen Seminar zeigen würde. Geschweige denn in einer offen demonstrierten Deutlichkeit. Nun gut, einmal ist immer das erste Mal, und ich war damals noch ein echtes Greenhorn. Exakt zwei Monate in Amt und Würden und zudem unterwegs im Modus »Learning by doing«. Sie können es mir glauben: Seit damals checke ich bei jeder Maßnahme ab, ob es sich um ein vorgegebenes oder um ein selbst gestecktes Ziel handelt. Direkte Verhaltensänderung – ähnlich wie bei der Story vom Flug nach Hamburg, Sitzplatz 24A.

Wenn es ein vorgegebenes Ziel ist, wird sich mit ihm identifiziert oder ist es zumindest akzeptiert? Welche Befürchtungen gibt es im Raum und wie kann man damit umgehen? Vielleicht denken Sie jetzt, dass ich es hätte wissen müssen. Schon! Aber ich hatte es einfach nicht auf dem Schirm. Die Vorgespräche mit der Leitung waren derart positiv, dass ich nicht annähernd darauf gekommen wäre, dass es dermaßen in die Hose gehen könnte. Greenhorn hin oder her. Aber wie gesagt: Gott sei Dank habe ich mich getraut, die schlechte Stimmung zum Thema zu machen, und das brachte Entlastung für alle. Für die Teilnehmerinnen kam die Einführung von Rückkehrgesprächen einem Verrat an ihren Kollegen gleich. Sie empfanden die zu führenden Gespräche als Bestrafung für krankheitsbedingte Abwesenheit. Für sie stellten solche Gespräche ein vorbeugendes Druckmittel dar, um auch bei Krankheit am Arbeitsplatz zu erscheinen. Das Selbstverständnis der Seminarteilnehmerinnen war zudem nicht das einer Führungskraft, sondern mehr das einer Kollegin, teilweise sogar Freundin. Und unter Kollegen und Freunden tut man so etwas nicht! Der Aspekt, die Gespräche bei jedem Abwesenheitsgrund zu führen, und die durchaus gut gemeinte Absicht, die Rückkehrer mit wichtigen Informationen zu versorgen, wurden komplett ausgeblendet. Sogar noch mehr: negiert.

Die vorgegebenen Seminarziele wurden nicht erreicht. Ich sehe mich noch heute im Büro der Leitung sitzen, um den Verlauf und das vorzeitige Ende der Qualifizierungsmaßnahme mitzuteilen. Doch es gab auch etwas Gutes an dem schiefgelaufenen Seminar. Unternehmensleitung und Führungskräfte kamen dadurch ins Gespräch. Es gab einen Teamworkshop über die Arbeitsatmosphäre in der Senioreneinrichtung und darüber, wie man künftig miteinander umgehen und zusammenarbeiten möchte – welche gemeinsamen Ziele man hat und wie man diese erreichen kann. Als Greenhorn durfte ich diesen Prozess moderieren. Irgendetwas muss ich offenbar richtig gemacht haben.

Wie sieht es bei Ihnen und Ihrem Ziel aus? Handelt es sich um Ihre Sehnsucht, Ihren Wunsch? Oder ist er von jemandem an Sie herangetragen, eventuell sogar in Sie hineinprojiziert worden? Sollte das der Fall sein, sollten Sie zum Abschnitt »Ehrlichkeit, Farbe bekennen« zurückgehen und sich fragen, ob Sie selbst dieses Ziel haben oder nicht. Entweder nehmen Sie Abschied von diesem Ziel oder Sie schauen, wie Sie es zu Ihrem eigenen machen können. In meinen Seminaren sage ich an dieser Stelle immer: »Du bist nicht auf der Welt, damit du so bist, wie dich andere gerne hätten!« Und im gleichen Atemzug ergänze ich: »Das bedeutet auch: Es ist niemand auf der Welt, damit er so ist, wie du ihn gerne hättest!« Diese Gedanken stimmen zumindest im privaten Bereich. Im Beruf sieht es etwas anders aus. Da gibt es Regeln, an die man sich halten muss, und Aufgaben, die es mit größter Sorgfalt und Effizienz zu erledigen gilt. Und Ziele, die zu erreichen sind. Führungskräfte haben Sorge zu tragen, den Widerstand gegen den Wandel zu minimieren und ihre Mitarbeiter gut durch die Veränderungs- und Zielprozesse zu begleiten.

Wenn eine Führungskraft versucht, jeden ihrer Mitarbeiter anhand der Veränderungsformel D · Z · U zu verstehen – sich also systematisch Gedanken über jeden einzelnen macht –, gelingen Change-Projekte deutlich besser. Deswegen sollten Führungskräfte in Richtung »Psychologie der menschlichen Veränderung« befähigt werden. Was wiederum Zeit braucht, welche sich Unternehmen und Führungskräfte oft selbst nicht nehmen. Entweder weil sie es zeitlich nicht schaffen oder weil sie die Notwendigkeit dafür nicht sehen.

Eigentlich sind es keine aufwendigen Fragen, die sich die Führungskräfte stellen sollten:

Spüren die Mitarbeiter die Dringlichkeit für die Veränderung?

Was braucht es, damit sie diese spüren?

Sind ihnen die Ziele klar?

Wissen sie, wie das neue Verhalten konkret aussehen soll?

Kommen sie in die Umsetzung?

Was braucht es dazu?

Es wundert mich manchmal, dass diese Fragen nicht zum Standardrepertoire jeder Führungskraft gehören. Sie müssten eigentlich aus dem Effeff kommen – unbewusste Kompetenz. Ich würde mir wünschen, dass nicht nur Führungskräfte mit einem Grundwissen an Psychologie der menschlichen Veränderung ausgestattet werden. Sondern auch, dass Führungskräfte wiederum ihre Mitarbeiter darin befähigen. Menschen wollen verstehen. Und Menschen in der Mitte des Lebens wollen noch mehr verstehen. Und wenn ihnen Ziele vorgegeben werden, dann erst recht.

Wie finde ich Ziele, wenn ich keine habe? Über blinde Flecken, Jammern und das Forsa-Meinungsinstitut.

Vielleicht kennen Sie das? Sie fühlen sich von irgendetwas getrieben, aber können nicht benennen, warum beziehungsweise wohin es Sie treibt. Fragen Sie Ihre besten Freunde, was sie glauben, was Ihr heimlicher Wunsch ist. Wir haben ziemlich viele und vor allem große blinde Flecken! In der Sozialpsychologie bezeichnen wir als blinden Fleck den Teil unserer Persönlichkeit, der von uns selbst nicht wahrgenommen wird. Weil wir entweder nicht können, er uns unbewusst ist, oder wir ihn nicht wahrnehmen wollen und ihn mit aller Macht verdrängen. Das Spannende: Unsere Mitmenschen wissen in den allermeisten Fällen Bescheid. Sie sagen aber nichts – oder nichts mehr. Denn sie brauchen eine Art Erlaubnis, darauf hinzuweisen. Eine Einladung mit einer Frage: »Was glaubst du? Wenn es in mir einen heimlichen Wunsch geben würde, ich ihn aber selbst nicht wüsste, wie lautet dieser Wunsch deiner Meinung nach?« Höchstwahrscheinlich müssen Sie diese Frage zwei- bis dreimal stellen. Mindestens. Ich würde mich riesig für Sie freuen, wenn Ihnen Ihre Freunde ehrlich sagen, was sie bezüglich eines versteckten Wunsches wahrnehmen. Wie schön, wenn sich daraus ein neues Ziel auf Ihrem Lebensweg entwickeln würde. Finden Sie nicht auch? Vielleicht sind Sie aber auch skeptisch, weil es auch sein könnte, dass Ihnen Ihre Freunde ein Veränderungsthema benennen, dieses aber im Vorfeld oder während der Veränderung mit unangenehmen Begleiterscheinungen einhergehen könnte. Zum Beispiel die Trennung vom Lebenspartner. Denken Sie dann einfach an den Zollstock und wie viel Zeit Sie noch vor sich haben!

Bin ich ein Jammerlappen?

Jammern ist ein seltsames Phänomen. Jeder regt sich über die vielen Jammerer auf, aber keiner scheint es zu tun. Wo stecken sie nur, diese Jammerer? Ich bin ehrlich. Ich gehöre dazu. Ich bin ein bekennender Jammerer. Diejenigen, die mich kennen, werden vielleicht verwundert sein und sagen: »Tanja, du machst alles, nur nicht jammern!« Oh doch! Ich jammere! Nur viel cleverer als andere! Ich jammere quasi versteckt, nämlich hinter psychologischen Erklärungen. Fakt aber ist: Ich jammere. Hauptjammerthema: mein Gewicht. Und hinter diesem Jammern steckt ein Wunsch und ergo ein Ziel: Jammern ist lediglich der Nebel, allerdings in Form einer gigantisch zähen Suppe.

Wenn ich in Unternehmen unterwegs bin, achte ich auf die Worte der Menschen. Jammern sie? Über was jammern sie? Wie häufig jammern sie? Wie, auf welche Art jammern sie? Und wie gehen die anderen damit um? Ganz nach dem Motto »Klappern gehört zum Handwerk, Jammern anscheinend auch!« habe ich über die Jahre meiner beruflichen Tätigkeit fünf Jammertypen identifiziert:

1. *Der Was-soll-ich-noch-alles-tun-Jammerer.* Auf solche Typen legen wir in der Regel immer noch eins drauf. Und noch mal, und noch mal. Warum? Weil wir wissen, die Person jammert zwar, aber sie macht trotzdem die Arbeit. Welche Wurzeln hat so eine Person? Welche Glaubenssätze gibt es in der Herkunftsfamilie? Welches Ziel könnte sich aus dem »Was soll ich denn noch alles tun?« ergeben? Vielleicht ein »Wie kann ich Nein sagen und trotzdem von allen anerkannt und gemocht werden?«
2. *Der Abstands-Jammerer.* Sie sind echte Meister im Jammern. Diese Typen haben immer ziemlich viel zu tun, was sie auch lautstark verkünden. Permanent und unaufgefordert. Solche Kollegen fragt man erst gar nicht, ob sie einen unterstützen können, und wenn doch, dann erhält man ein: »Weißt du, ich würde gerne, aber …« Bravo! Gut auf Abstand gehalten! Welche Wurzeln hat so eine Person? Welche Glaubenssätze gibt es in der Familie? Welches Ziel sollte

sich aus dem »Ich würde ja gerne, aber …?« aus Sicht des Unternehmens ergeben?

3. *Der Jammer-Junkie.* Menschen, geboren, um zu jammern. Diese Typen starten beim Kennenlernen ziemlich eloquent. Welcher tolle, reflektierte Mensch! Und erst nach ein paar Minuten macht sich ein Unwohlgefühl im Bauch bemerkbar. Der redet über alles schlecht! Selbst im Guten findet er noch ein Haar in der Suppe. An dieser Stelle möchte ich noch einmal auf den Self-Serving Bias hinweisen. Sie erinnern sich: Alle anderen sind unfähig, nur ich nicht! Jammern ist quasi das Lebenselixier. Welche Wurzeln hat so eine Person? Welche Glaubenssätze gibt es in der Familie? Welches Ziel, höchstwahrscheinlich sogar welcher komplett neue Lebensentwurf würde sich aus dem Jammerdauermodus ergeben, wenn der Nebel des Jammerns sich lichten würde?

4. *Der Apokalypse-Jammerer.* Ach herrje – der Weltuntergang steht kurz bevor! Schon innerhalb der ersten Sekunden können Sie diesen Typus entlarven. Eigentlich, bevor er nur den Mund aufmacht. Alle Gesichtszüge weisen explizit darauf hin: »Das Ende ist nahe!« Katastrophenalarm – »Apokalypse now«! Welche Wurzeln hat so eine Person? Was ist die Angst hinter dem Jammern? Welches Ziel würde sich ergeben, wenn eine solche Person die Verantwortung für ihr Leben übernehmen würde? Ohne Wenn und Aber?!

5. *Der Einmal-Jammerer.* Er jammert kurz, hat recht und löst dann das Problem oder bringt zumindest die Lösung auf den Weg. Alles gut! Einmal-Jammerer sind in Wahrheit gar keine Jammerer. Sie können reflektieren und nehmen sich selbst als Teil der Lösung wahr. Die anderen Jammertypen hingegen können das nicht. Sie stehen in einer Art Warte-

schleife und kommen von alleine nicht heraus. Außer – ja außer vielleicht, sie begegnen einem denkwürdigen Moment und schaffen es, in die Selbstverantwortung zu kommen, Entscheidungen zu treffen und zu agieren. Der müsste aber heftig sein, ein solcher denkwürdiger Moment.

Und dann wäre noch ein sechster Jammertyp. Mein Liebling – »der Herr der Jammerlappen«. Auf ihn stoße ich meist zu Beginn meiner Tätigkeit. »Boaaaaaaaaaah – meine Mitarbeiter jammern permanent!« »Sooooo? Tun sie das? Und was machen Sie gerade?«

Die Pipeband und ihre Führungskraft

Pipebands sind keine schottische, sondern eine Erfindung der Briten. Die Führungskraft einer Pipeband ist der Pipe Major. Er marschiert vorne rechts außen in der Formation mit. Deswegen gibt er seine Kommandos »by the right«, auch um sich vom Drum Major, dem verantwortlichen Leiter der Drums, zu unterscheiden. Der Drum Major marschiert ebenfalls immer vorneweg – allerdings in der Mitte und kommandiert deswegen »by the center.« Wenn eine Pipe Band ihre Full-Dress-Uniform trägt, erkennt man den Pipe Major an dem auffälligen goldbestickten Pipe-Abzeichen mit umgebendem Eichenlaubkranz und der Queens Crown am rechten Ärmel.

Der Pipe Major ist ein erstklassiger Piper, der vom sogenannten Pipe Sergeant unterstützt wird. Seine Autorität in der Band ist absolut. Er ist verantwortlich für die Ausbildung der Piper, für das Aussuchen des Repertoires sowie für das Erlernen und Üben der neuen Stücke. Er ist zudem zuständig für die Anleitung zur Wartung der Dudelsäcke und für das korrekte Stimmen vor dem Spielen. Er allein bestimmt das Tempo auf Paraden und Wettbewerben. Es gibt viele Witze darüber, dass die Stellung eines Pipe Majors eine nahezu gottgleiche Stellung innerhalb einer Band hat. Was aber Fakt ist: Des Pipe Majors Persönlichkeit und seine Kompetenzen sind die wichtigsten Faktoren, die unmittelbar den Erfolg der Pipeband beeinflussen, sowohl im musikalischen als auch im sozialen Sinn. Das erste Kommando in schottischen Bands, bevor überhaupt nur ein Ton zu hören ist, lautet: »Air the bags.« Die Luftsäcke werden gefüllt. Die Spannung wächst. Alles hört auf sein Kommando.

Wie sieht es aus? Haben Sie sich bei einem der genannten Jammertypen wiedererkannt? Eventuell in Teilen? Wenn es gelingt, den Nebel des Jammerns wegzupusten, was würde dann anstehen? Welches Ziel würde sichtbar werden? Denn Fakt ist: Hinter jedem Jammern steckt ein mögliches Ziel. Und das heißt nicht, mit dem Jammern aufzuhören. Das Jammern ist lediglich ein begleitendes Symptom.

Forsa-Ziele.

Es gibt noch eine dritte Möglichkeit, um sich über die eigenen Ziele klar zu werden. Jedes Jahr zum Jahresende befragt das Meinungsforschungsinstitut Forsa die Deutschen bezüglich ihrer Vorsätze für das kommende Jahr. In den letzten Jahren gestaltete sich die Hitliste der Vorsätze immer ähnlich. Es gab lediglich minimale Verschiebungen im Rang. Für das Jahr 2016 stand auf Platz Nummer eins: »Stress vermeiden oder zumindest abbauen«. An Stelle Nummer zwei fand sich: »Mehr Zeit für die Familie und Freunde«, an Nummer drei: »Mehr Sport machen«, gefolgt von: »Mehr Zeit für sich selbst« und: »Gesunde Ernährung«. Na? Bestimmt ist etwas für Sie dabei?

Und wenn Sie nach den Erfolgsquoten fragen, ja, auch diese wurden von Forsa erhoben. Auf einen Nenner gebracht: Sie sollten ein in Ostdeutschland lebender Mann über 44 Jahre mit Haupt- oder Realschulabschluss sein, dann haben Sie die besten Aussichten auf Erfolg! Circa die Hälfte aller Befragten setzten die gefassten Vorsätze längerfristig um. Männer bewiesen dabei mehr Durchhaltevermögen als Frauen. Die meisten Abbrecher wurden in der Altersspanne zwischen 33 und 44 Jahren gefunden. Wer einen Haupt- oder Realschulabschluss hat, zeigte eine höhere Beharrlichkeit auf das einmal angepeilte Ziel als Personen mit Abitur. Die Ostdeutschen hielten am besten durch, am häufigsten gaben die Bayern auf. Alles klar?

Dudelsack lernen. SMART definiert.

Offene, geschlossene und halb geschlossene Griffweisen
Die Art und Weise, wie man den Chanter des Dudelsacks spielt, wird Griffweise genannt. Um bestimmte Töne zu spielen, müssen einige Grifflöcher geöffnet und andere wiederum abgedeckt sein. Bei der offenen Griffweise ergibt sich die Tonleiter, indem man nacheinander von unten nach oben die Löcher öffnet. Wie bei einer Blockflöte. Bei der geschlossenen Griffweise hingegen ergibt sich die Tonleiter dadurch, dass für jeden Ton genau ein einziges Loch geöffnet wird. Dazwischen liegt die halb geschlossene Griffweise. Diese wird für das Spiel der Great

Highland Bagpipe verwendet. Um die Töne der oberen Hand spielen zu können, müssen sich die Grifflöcher der unteren Hand teilweise wieder schließen. Diese sogenannte Highland-Fingering-Technik ist eine spezielle Griffweise, die nicht mit der Blockflöte zu vergleichen ist.

»Wenn du nicht weißt, wohin du willst, kommst du ganz woanders an.« Treffender als mit diesem Zitat des amerikanischen Baseballspielers Yogi Berra kann man das Wesen von Zielen nicht beschreiben. Wenn sich erst einmal ein Ziel herauskristallisiert hat, gilt es, es zu konkretisieren. Tatsächlich überrascht es mich immer wieder aufs Neue, dass es noch Menschen gibt, die die SMART-Formel zur Zielkonkretisierung nicht kennen. Und das, obwohl das Internet buchstäblich mit Informationen zur Formel überquillt. SMART ist ein Akronym – ein aus den Anfangsbuchstaben mehrerer Wörter zusammengesetztes Kurzwort. Ziele sollen immer »**S**pezifisch, **M**essbar, **A**kzeptiert, **R**ealistisch und **T**erminiert« formuliert werden. Vielleicht spüren Sie meine Skepsis gegenüber dieser Formel. Stimmt. Ich mag die SMART-Formel nicht wirklich. Ich halte sie für ein Relikt, das nicht mehr zu unserer heutigen Gesellschaft passt. Für sich gesehen ist sie vollkommen richtig, nachvollziehbar und auch in vielen Bereichen hilfreich. Für mich persönlich aber reduziert sie komplexe Prozesse auf zu wenige Dimensionen. Manchem mag sie helfen. Für mich jedoch ist sie zu mechanistisch und wird der Variabilität unserer heutigen Lebenswelten nicht mehr gerecht. Warum ich die SMART-Formel hier trotzdem erkläre? Fast hätte ich geschrieben: Weil ansonsten irgendein Zielformulierungsexperte antanzen und es mir um die Ohren hauen würde, wenn ich sie nicht erwähnt hätte. Sie wissen ja, wie es um mein Bedürfnis nach Anerkennung und Respekt steht. Aber im Ernst: Ich nenne die SMART-Formel deswegen, weil sie Menschen darin unterstützen kann, die kleineren, alltäglichen Ziele zu konkretisieren und gewuppt zu bekommen. Nicht mehr und nicht weniger. Für größere Ziele ist die Formel zu blutarm. Zudem fände ich es schade, große Ziele auf ein Schnipsel Papier zu bringen.

Wie funktioniert die SMART-Formel? Bleiben wir einfach bei mir und meinem Dudelsack. Dieses Ziel ist durchaus für die SMART-Formel geeignet. Auch wenn Sie und ich inzwischen wissen, dass sich eigentlich ein größeres Ziel dahinter verbirgt. Ein viel größeres, wenn sich der Nebel lichtet: ein Lebensgefühl. Die Freiheit, die Dinge zu tun, die ich möchte.

S wie spezifisch. Ziele sollten immer spezifisch – möglichst genau und konkret – formuliert werden. Oder anders gesagt: Was will ich eigentlich genau? Ich, die Tanja Köhler, möchte Dudelsack spielen können. Dazu werde ich Unterricht nehmen und mir einen Dudelsack kaufen.

M wie messbar. Ziele sollten messbar sein. Oder anders gesagt: Wenn ich mein Ziel erreicht habe, woran werde ich das erkennen? Was ist dann anders? Ich, die Tanja Köhler, kann auf der Great Highland Bagpipe Lieder wie »Highland Cathedral«, »Auld Lang Syne« oder auch einfach die schwäbische Nationalhymne »Auf der schwäbischen Eisenbahn« spielen.

A wie akzeptiert. Ziele sollten immer akzeptiert, attraktiv sein. Oder anders gesagt: Setzt das Ziel positive Energie in mir frei und macht es mir Freude? Ich, die Tanja Köhler, werde riesigen

Spaß in den Backen haben, wenn ich mit dem Dudelsack den Leuten ein Staunen ins Gesicht zaubere.

R wie realistisch. Ziele sollten realistisch sein. Oder anders gesagt: Funktioniert das überhaupt mit dem Ziel? Ich, die Tanja Köhler, werde jeden Tag eine Stunde Dudelsack üben. Okay, ich gebe zu, das wäre komplett unrealistisch. Realistisch hingegen wäre: Ich, die Tanja Köhler, übe pro Woche zwei- bis dreimal für circa 30 Minuten und nehme immer am Freitagnachmittag via Skype Dudelsackunterricht. Woher ich weiß, dass dies realistisch ist? Ganz einfach: Das wahre Leben hat es gezeigt. Angefangen habe ich mit dem Ziel, einmal pro Tag eine ganze Stunde zu üben. Relativ rasch bin ich daran gescheitert. Es war zwar löblich, aber komplett unrealistisch. Nachbessern also erlaubt!

T wie terminiert. Ziele sollten terminiert sein. Oder anders gesagt: Welche zeitlichen Meilensteine gibt es auf meinem Zielweg? Was ist bis wann passiert? Ich, die Tanja Köhler, kann nach einem Jahr Practice Chanter spielen. Erst dann kaufe ich mir die Great Highland Bagpipe. Ein Jahr später werde ich sie auf der Vortragsbühne spielen. Wie schön, dass ich den Zeitpunkt für den Auftritt auf der Vortragsbühne einfach mal um neun Monate nach vorne verlegt habe. Man nennt mich auch gerne »Frau Willensstark!«

Warum oder lieber wozu?

Weg-von- oder Hin-zu-Motivation? Will ich von etwas weg oder will ich zu etwas hin? Will ich aufhören, mich zu langweilen, oder will ich Spaß am Spielen eines weiteren Instruments haben? »Weg von« betrachtet die Vergangenheit, »hin zu« blickt in die Zukunft.

Bei der Weg-von-Motivation wird meistens die Frage nach dem »Warum« gestellt. Im Fokus der Aufmerksamkeit steht aber dadurch nur die Vergangenheit beziehungsweise der Ist-Zustand. Verstehen Sie mich bitte nicht falsch. »Warum?« ist eine großartige Frage, die den Gründen und Ursachen nachgeht und aus der man sehr viel lernen kann. Mir persönlich gefällt aber bei Veränderungsprozessen die Frage »Wozu?« tausendmal besser. Sie ist immer in die Zukunft gerichtet. Sogar wenn die Betrachtungsweise in Richtung Vergangenheit gestellt wird. Sie eröffnet dort die Chance, selbst schwerste Schicksalsschläge in eine wichtige Station auf dem Weg in die Zukunft zu verwandeln. Ein »Wozu?« hilft, aus dem Grübeln und Hadern mit dem Schicksal herauszukommen und nach vorne zu schauen. Mut und Hoffnung zu bekommen. Tausendmal – wenn nicht noch öfter – habe ich mich in meinem Leben gefragt, warum ausgerechnet ich diese blöde Hautkrankheit Schuppenflechte habe. Warum ich? Eine Frage, durch die ich unweigerlich in der Sackgasse und im Selbstmitleid landete. Ein Jammertal, aus dem nur schwer herauszukommen war. Schaue ich heute auf meine Krankheit und stelle die Frage »Wozu habe ich diese Krankheit?«, kann ich folgende Antwort geben: »Um anderen erkrankten Menschen Hoffnung zu geben und ihnen zuzurufen: Schaut, was ihr an eurem Leben ändern müsst, damit es euch wieder gut geht!« Freilich verschwindet die Krankheit dadurch nicht, aber sie lässt sich deutlich besser ertragen. Seit vielen Jahren bin ich relativ erscheinungsfrei.

Warum oder wozu – ein kleiner, aber bedeutsamer Unterschied, der völlig unterschiedliche Antworten erzeugt. Warum habe ich Psychologie studiert? Um Anerkennung und Respekt zu bekommen. Wie anders klingt die Antwort bei der Frage »Wozu habe ich Psychologie studiert?«: Um Zusammenhänge im menschlichen Verhalten zu verstehen und Menschen darin zu unterstützen, ihren eigenen Weg zu finden und auch zu gehen.

Warum lerne ich Dudelsack? Weil es mir irgendwie langweilig war. Wozu lerne ich Dudelsack? Um (1) mein Leben deutlich zu verbessern, (2) weniger Lippenfalten zu entwickeln, (3) noch besser zu küssen und (4) in der Mitte meines Lebens nicht wie andere das Schnarchen anzufangen. Wie ich auf diese Antworten komme? Als ich begonnen habe, Dudelsack zu spielen, stieß ich eines Tages beim Stöbern in einem Geschäft für günstige Wohnaccessoires auf ein Emailleschild mit der Überschrift: »30 Dinge, die dein Leben verbessern!« An erster Stelle stand: »Dudelsack lernen!« Auch wenn es keinen Beweis dafür gibt, bin ich felsenfest überzeugt, dass das Spielen des Dudelsacks besser als jede Botoxkur für die Lippenfalten ist. Das Spielen der Great Highland Bagpipe erfordert einiges an Lippenmuskulatur, die sich erst durch das Spielen des Instrumentes entwickelt. Zudem küssen Dudelsackspieler durch die gut entwickelte Lippenmuskulatur besser. Wenn Ihr Partner schnarchen sollte, schlagen Sie ihm einfach vor, er solle anfangen, Dudelsack zu spielen. Bei der Konferenz »Sleep and Breathing 2015« in Barcelona wurde eine Studie vorgestellt, in der gezeigt wurde, dass Menschen, die Blasmusik machen, aufgrund ihrer höheren Muskelspannung in den oberen Atemwegen weniger schnarchen.

Aber zurück zum Ernst. Neulich saß ich mit Vertretern einer Behörde zusammen, die mit mir einen für den Sommer geplanten Teamworkshop besprechen wollten. Auf die Frage nach dem »Warum« kam die Antwort, damit wir besser zusammenarbeiten. Auf die Frage nach dem »Wozu« fingen nach einer kurzen Denkpause die Augen an zu leuchten und der Blick wurde in die Zukunft gerichtet: »Weil wir für unsere Bürger einen guten Job machen wollen – sowohl politisch als auch fachlich –, und das eindeutig besser funktioniert, wenn wir gut zusammenarbeiten.«

Testen Sie es selbst mit Ihrem eigenen Ziel. Welche Antwort geben Sie sich bei einem »Warum« und welche bei der Frage nach dem »Wozu«. Und wenn Sie denken, dass es erst mal keinen Unterschied macht, dann schreiben Sie sich beide Fragen auf jeweils einen Zettel und stellen sie morgen einfach noch mal. Manchmal muss man eine Nacht darüber schlafen.

Wenn nicht so, wie dann?
Eine ungewöhnliche Gehaltsverhandlung.

Vor einigen Jahren stand mein Mann vor einem Wechsel seines Arbeitgebers. Ein wohlüberlegtes Ziel mit der Wozu-Antwort: »Um endlich wieder in seiner Expertise arbeiten zu können und Spaß und Freude am Job zu haben!« Bei aller Zielformulierung vergessen viele Menschen, dass ein neues Ziel in den allermeisten Fällen mit neuen Verhaltensweisen einhergeht. Und wenn ich mir darüber im Vorfeld keine Gedanken gemacht habe, kann die Zielerreichung mächtig in die Hose gehen.

Eigentlich hatte mein Mann einen Traumarbeitgeber. Es gab viele Weiterbildungsmöglichkeiten, lustige Teamevents, Sommerfeste mit der ganzen Familie, aufwendig inszenierte Weihnachtsfeiern und, und, und. Trotzdem war mein Mann in dem Unternehmen müde geworden. Er konnte sich nicht mehr mit seiner eigentlichen Kompetenz einbringen. Das Unternehmen hatte strategisch einen anderen Weg eingeschlagen und wuchs und wuchs. Folglich gab es eine Umstrukturierung nach der anderen und symbolisch eine neue Visitenkarte nach der anderen. Es passierte häufiger, dass von heute auf morgen engagierte Kollegen in Schlüsselpositionen plötzlich nicht mehr da waren. Ich persönlich glaube, dass Kompetenz und Wesen meines Mannes sehr geschätzt wurden und deswegen an ihm festgehalten wurde. Den Aufgabenbereich aber, für den er ursprünglich eingestellt worden war, gab es schon lange nicht mehr. Es war nicht das Abstellgleis, auf dem er sich befand. Eher ein Wartegleis. Wobei nicht klar war, worauf eigentlich gewartet wurde. Die Dringlichkeit, den Arbeitgeber zu wechseln, wuchs in ihm. Langsam, aber stetig.

Unterbrochen von kleinen Hoffnungsschimmern, wieder in seiner eigentlichen Expertise eingesetzt zu werden. Headhunter nahmen über Social-Media-Kanäle permanent Kontakt zu ihm auf. Aber das richtige Jobangebot war nie dabei. Und so dringlich war es auch nicht. »Gefühlte Sicherheit« ist ein starkes Motiv, sich nicht zu bewegen. Die nächste Option muss besser sein. Deutlich besser. Dann kam der Tag, an welchem er mit seiner ehemaligen Chefin ins Gespräch kam. Diese hatte mit einem weiteren früheren Kollegen ein Unternehmen in der gleichen Branche gegründet. Sie suchten jemanden mit genau seiner Expertise. Sie können sich denken, wie es ausging: Hin-zu-

Motivation. In einer wochenlangen geheimen Anbahnungsphase wurden Gespräche geführt. Wie, wer, was, wo und wann. Und irgendwann waren sich die Parteien einig. Bis, ja bis auf einen einzigen klitzekleinen Aspekt. Geld. Es ging zwar um nichts Großes. Um gefühlte 50 Cent. Bloß nicht nachgeben! Die Verhandlungspartner standen sich gegenüber. Auge in Auge. Bisher hatten sie faire Verhandlungen zum Arbeitsvertrag geführt. Wie aus dem Lehrbuch. So, wie man es macht, damit auf beiden Seiten Gewinner stehen. Und dann dies. Es ging wie gesagt um 50 Cent. Gefühlt. Sollte es daran scheitern? Keiner der Verhandlungspartner bewegte sich auch nur einen Zentimeter; die Arme waren vor der Brust verschränkt. »Weißt du was?«, sagte der Firmeninhaber plötzlich. Stille. Seine verschränkten Arme lösten sich. »Lass uns doch Schnick-Schnack-Schnuck spielen! Was hältst du davon?« Kurze Irritation aufseiten meines Mannes. Verstehen. Lächeln. Erleichterung. Eine gute Alternative. Mehr noch: eine sehr gute Alternative. Eine Handlungsalternative, die wirklich nur Gewinner schaffte. Schließlich ging es bloß um 50 Cent. Na? Was glauben Sie? Wer hat das Kinderspiel gewonnen? Selbstverständlich mein Mann. Wer sonst?

Hätte ich meinem Mann am Morgen den Tipp gegeben, in einer schwierigen Situation einfach Schnick-Schnack-Schnuck zu spielen, hätte er mir den Vogel gezeigt. Verständlicherweise. Und ehrlich gesagt, da kommt man auch nicht drauf. Wer sich auf den Weg in die Veränderung begibt, muss damit rechnen, dass nicht alles kontrollier- und vorhersehbar ist. Ich denke, da sind wir uns einig. Aber wie genau verhalte ich mich in einer unvorhersehbaren Situation? »Was hätte ich in meiner Kindheit getan?« Seit dieser ungewöhnlichen Gehaltsverhandlung gebe ich diese Leitfrage meinen Kunden als Impuls mit. Ein bewusster Rückgriff auf Verhaltensweisen der Kindheit schafft neue Perspektiven und eröffnet ungeahnte Möglichkeiten. Das hat nichts mit »kindisch sein« zu tun; es ist eher die Anpassung einer früheren Problemlösungsstrategie auf eine Erwachsenensituation. Die Lösung und der Ausgang des Spiels wurden von beiden Seiten mit einem Gefühl der Heiterkeit und Freude akzeptiert. Was will man mehr?

Wie man von einer Kellermaus zu einem Kampfzwerg wird …

Druckhaltetechnik – den richtigen Druckpunkt finden
Essenziell für jeden Bagpiper ist eine gute Atem- und Druckhaltetechnik. Die drei Bordunes der Bagpipe sowie der Chanter reagieren vollkommen unterschiedlich auf Druckschwankungen. Wenn man nicht weiß, wie man damit umgehen muss, ist das sofort für jeden hörbar. Viel Feingefühl in der Grobmotorik ist erforderlich. Zusätzlich die richtige Atemtechnik finden ist mit eine der größten Schwierigkeiten für Anfänger. Die Koordination zwischen dem Aufblasen des Luftsacks und dem Drücken desselben mit dem Arm muss immens gut geübt werden. Anfänger drücken und blasen oft gleichzeitig. Das bringt sie rasch an die Grenze ihrer Kondition. Der Druck im Luftsack muss aber immer konstant gehalten werden. Druckveränderungen im Sack entstehen durch Einatmen, Ausatmen und Atempausen. Diese müssen mit dem linken Oberarm ausgeglichen werden. Wichtig und logisch, aber nicht unbedingt umgesetzt: Für den Piper muss immer genügend

Luft in der Lunge übrig bleiben. Und so verbringt man die ersten Tage und Wochen mit der Bagpipe vor allem damit, einzelne, konstante Töne zu produzieren, die keinerlei Schwankungen erkennen lassen. Kurz gesagt: Anfänger achten lediglich darauf, dass der Ton herauskommt, nicht aber, wie. Eine dicke Backe macht noch lange nicht das Dudelsackspiel, so ein schottisches Sprichwort.

Wenn nicht so, wie dann? Vielleicht gelingt Ihnen der Zugriff auf eine frühere Verhaltensweise und Sie können sie auf die heutige übertragen. In den allermeisten Fällen müssen alternative Verhaltensweisen Stück für Stück erarbeitet werden. Es gilt: Auch wenn wir willensstark beschließen, künftig etwas anders zu tun, ist es noch nicht der Garant, dass wir es auch so tun und es sich richtig anfühlt. Viele Menschen wünschen sich zum Beispiel, Nein sagen zu können. Haben Sie es schon einmal ausprobiert, wie es sich anfühlt, wenn Sie jemandem ein »Nein« zur Antwort geben, obwohl Ihnen vielleicht schon Ihr Gewohnheits-Ja auf den Lippen liegt?

Von der Kellermaus zum Kampfzwerg – diese Überschrift habe ich inzwischen für die Wandlung einer meiner Workshop-Teilnehmerinnen gefunden. Sie war fast 30 Zentimeter kleiner als ich – nur knapp über 1,50 – und arbeitete in einer Verwaltung. Ihr Arbeitsplatz: die Postverteilungszentrale im Keller des Verwaltungsgebäudes. Sie sprach von ihrer Unzufriedenheit bezüglich ihrer Arbeit und warum diese mengenmäßig nicht zu schaffen wäre. Ein Kollege war dauernd krank, der andere gelinde gesagt eine faule Socke. Ein Zustand, der schon über Jahre hinweg bestand. Immer wenn sie ihre Chefin darauf ansprach, dass sie dringend Unterstützung benötigen würde, so meinte selbige, ihr durchaus wertschätzend zugewandt: »Ich kümmere mich darum!« Der Arbeitsplatz der Vorgesetzten: die zweite Etage des gleichen Verwaltungsgebäudes. Gemeinsam besprachen die Workshop-Teilnehmer, wie eine Lösung für die Verwaltungsangestellte aussehen könnte. Die Empfehlung: Allen Mut zusammennehmen und endlich Tacheles mit der Chefin reden. »Setz ihr ein Ultimatum!« Die Workshop-Teilnehmerin freute sich über den Zuspruch der anderen und sagte, dass sie nun den Mut hätte, es in aller Konsequenz zu tun. Ich schaute sie nachdenklich an und bat sie, mir zu sagen, was sie genau machen würde. »Na, ich gehe hoch zu ihr. In die zweite Etage. Klopfe an. Gehe hinein und sage ihr, dass ich nun nicht mehr mit mir reden lasse, sondern sofort Hilfe brauche. Dass ich nicht mehr aus dem Büro hinausgehe, bevor ich eine definitive Zusage von ihr habe.«

»Zeigen Sie es mir! Wie genau sieht das aus?« Sie schaute mich irritiert an. »Soll ich es vormachen?« Ich: »Ja! Ich will es sehen! Ich möchte erleben, wie es auf mich wirkt!« Vielleicht verdrehen Sie nun Ihre Augen und denken: »Doofe Rollenspiele!« Mag schon sein, aber ich wollte sehen, wie es aussieht.

Sie tat also so, als ob sie auf einen Knopf für den Aufzug drücken würde. Dann fuhr sie imaginär in die zweite Etage. Ab jetzt wurde es für mich und alle anderen spannend. Ziemlich spannend sogar. Sie klopfte leise, sehr behutsam an die Tür der Chefin. Diese – gespielt von einer anderen Workshop-Teilnehmerin – reagierte erst gar nicht. So zaghaft war das Klopfen. Sie klopfte nochmals und tat so, als ob sie den Kopf zur Tür reinstecken würde: »Darf ich stören?« Die Chefin: »Na klar, komm rein!« Die Kellermaus: »Ich kann körperlich nicht mehr. Ich brauche jetzt echt Hilfe!« Die Chefin: »O ja, ich weiß, und ich

sehe es dir an. Ich kümmere mich und komme morgen zu dir!«
Allen Beobachtern war klar: Eher fällt in China der berühmtberüchtigte Sack Reis um, bevor wirklich etwas passieren würde. Nicht weil die Chefin es vorsätzlich nicht machen würde. Es würde einfach nur nicht passieren. Aus welchen Gründen auch immer.

Eine andere Verhaltensweise der Kellermaus musste her. Eine Verhaltensweise, die Wirkung erzeugen sollte. Besprechung der Möglichkeiten im Team. Kellermaus, Klappe, die zweite: Rauf mit dem Aufzug. Fest anklopfen, »Herein« abwarten, eintreten und sagen: »Ich brauche jetzt aber wirklich deine Unterstützung!« Umfallender Sack Reis in China. Wieder Teambesprechung; weiteres Feilen an der Verhaltensweise. Kellermaus, Klappe, die dritte; Klappe, die vierte. Die fünfte. Die sechste. Das ging ewig so weiter. Stück für Stück wurde der Verhaltensablauf geändert und tatsächlich nach und nach auch verbessert – aber: Jede Variante endete im Bewusstsein »… eher fällt in China der Sack Reis um«! Und dann, dann hatten wir es irgendwann geschafft. Die Rollen-Mitspielerin reagierte intuitiv so, wie die Teilnehmerin es gerne von ihrer Chefin haben würde: nicht nur Worte, sondern Taten. Was war geschehen? Wir empfahlen der Teilnehmerin, ihre Größe als Stärke zu nutzen. Aus der Kellermaus einen Kampfzwerg zu machen. Keinen Aufzug zu nehmen, sondern entschlossen mit den Füßen aufzutreten und alle drei Etagen zu Fuß hoch zum Büro der Chefin zu gehen. BAM – BAM! Laut und fordernd zweimal klopfen und beim zweiten Klopfen gleichzeitig die Tür öffnen und eintreten. Kein Warten auf ein »Herein«! Vor den Schreibtisch der Vorgesetzten treten und sich zu ihr herunterlehnen. Auge in Auge. Kurz abwarten. Dann: »Ich schätze dich! Aber: ICH –

Pause – BRAUCHE – Pause – JETZT!/SOFORT! – Pause – UNTERSTÜTZUNG! Und ich gehe so lange hier nicht mehr raus, bis wir beide – ich KELLERMAUS und DU CHEFIN – für mich eine Lösung gefunden haben! Wenn nicht, musst du ab sofort wirklich jemand Neues suchen. Und zwar: FÜR MICH!« Abwarten. Heruntergelehnt bleiben. Auge in Auge. Stille ertragen.

Szenenapplaus aller Workshop-Teilnehmer. Es fühlte sich stimmig und gut an. Für alle. Stück für Stück hatten wir mit ihr eine Handlungsalternative erarbeitet. Ein hartes Stück Arbeit, die sich letztlich gelohnt hatte. Ein paar Tage später bekam ich von ihr eine Mail mit folgendem Inhalt: »Stellenausschreibung ist erfolgt. Drei interne Bewerbungen liegen bereits vor! Gruß vom Kampfzwerg!«

Überlegen Sie sich gut, was Ihr Ziel in konkrete Handlung umgesetzt bedeutet. Es ist etwas anderes als ein Umsetzungsplan, bei dem ich notiere, wann ich was machen werde. Handlungsalternativen zu beschreiben erfordert ein Hineinversetzen in den Zielzustand und Ausprobieren. Erst dann kann ich eventuell mit Adel Tawils Liedtext sagen: »… so kann es bleiben, so hab ich es mir gewünscht. Alles passt perfekt zusammen, weil endlich alles stimmt!«

Verflixt und ausgerutscht! Hindernisse auf dem Weg zum Ziel.

Wie war das noch mal bei der Forsa-Studie? Circa 50 Prozent schaffen es, ihren Vorsatz anzugehen, die anderen 50 Prozent bleiben früher oder später auf der Strecke und fallen mit ihrem Ziel auf die Nase.

Sicherlich können viele sich an Stan Laurel und Oliver Hardy – besser bekannt als Dick und Doof – erinnern. Ob die beiden wirklich witzig waren, liegt alleine im Auge des Betrachters. Ich persönlich habe mich köstlich über die beiden Blödelbarden amüsiert. Bis heute sind die beiden unangefochten das erfolgreichste Komikerduo der Welt. Jeder scheint sie zu kennen, egal ob jung, mittel oder alt. Und jeder hat sofort eine der zum Teil echt aberwitzigen Filmszenen im Kopf. Kein Feuer für die Zigarre weit und breit? Kein Problem! Kurz mit den Fingern schnippen und es erscheint eine Flamme! Probleme in der Koordination der Körperteile? Die Lösung: Kniechen, Näschen, Öhrchen! Wissen Sie noch, wie das Kinderspiel geht? Mit beiden Handflächen auf die Knie schlagen, anschließend gleichzeitig mit der rechten Hand ans linke Ohrläppchen und mit der linken Hand an die Nase. Wieder mit den Handflächen auf die Knie schlagen und danach mit der linken Hand ans rechte Ohrläppchen und gleichzeitig mit der rechten Hand an die Nase greifen. Das wiederholen Sie möglichst oft und steigern dabei die Geschwindigkeit. Dick sagte: »Das kann doch jeder Affe!« Stan erwiderte: »Jeder Affe kann es nicht!« Können Sie es?

Das Scheitern an lösbaren Aufgaben meistens gepaart mit unfassbarer Zerstörung zog sich bei Dick und Doof als roter Faden durch alle Filme. Mein Lieblingsfilm mit den beiden war *In Oxford*. Olli und Stan bekommen über eine Arbeitsvermittlung einen Job als Dienerehepaar in einem versnobten Haushalt. Unvergesslich, wie sie es gleich am ersten Abend schaffen, ein Dinner in eine absolute Katastrophe für die Hausherren zu verwandeln und deswegen außer Haus gejagt werden. Dennoch erhalten sie wieder einen Job – diesmal als Straßenkehrer. Während einer Arbeitspause sitzen die beiden auf der Treppe vor einer Bank. Stan isst eine Banane und wirft die Schale auf die Straße. »Damit wir später etwas zu tun und zum Fegen haben!« Zeitgleich findet in der Bank gerade ein Banküberfall statt. Der Räuber fesselt den Bankdirektor, schnappt sich die Beute und flieht aus der Bank. Dabei rutscht er auf der Bananenschale von Stan aus und kann so dingfest gemacht werden.

Was glauben Sie? Geht das wirklich? Kann man auf Bananenschalen ausrutschen? Ja oder nein? Sind Sie schon selbst einmal auf einer ausgerutscht oder kennen Sie jemanden, dem das passiert ist? Oder ist das Ausrutschen auf einer Bananenschale nur einer dieser Slapstick-Mythen? Und geht überhaupt nicht? Wenn ich diese Fragen bei Vorträgen meinem Publikum stelle, macht sich eine gewisse heitere Unruhe breit.

Das Wissensmagazin *Galileo* wollte es genau wissen und führte ein Experiment durch. In der ersten Versuchsanordnung wurden einem Stuntman die Augen verbunden und er musste blind über einen Weg voller Bananenschalen gehen. Ergebnis: Er stürzte zu 100 Prozent, also bei jedem Versuch. Keine Chance, mit Erfolg den Weg zu gehen. In einer zweiten Versuchsanordnung nahm man dem Stuntman die Augenbinde ab. Er sollte sehend über das gelbe Unheil laufen. Ergebnis bei dieser Anordnung: Auch hier kam er mächtig ins Rutschen und Wanken. Im Gegensatz zur ersten Variante konnte der Stuntman jedoch mit viel Handgewirbel einem Sturz in den meisten Fällen entgegenwirken.

Wem dieses Experiment zu unseriös ist und nicht als Beweis genügt, für den habe ich eine Forschungsarbeit mit dem spannenden Titel *Der Reibungskoeffizient unter einer Bananenschale*. Japanische Forscher untersuchten, wie rutschig Bananenschalen im Vergleich zu anderen Dingen sind. Sie ermittelten dabei die Reibungszahl, sprich das Maß, welches das Verhältnis zwischen Reibungskraft und Anpresskraft zwischen zwei Körpern wiedergibt. Es gilt: Je kleiner diese Zahl, desto rutschiger! Seit dieser Studie steht fest: Es gibt kaum etwas Rutschigeres als die Fruchtseite von Bananenschalen. Fahren Sie Ski? Gut gewachste Ski haben einen Reibungskoeffizienten von 0,04 µ. Bananenschalen sind mit einem Wert von 0,06 µ nicht weit davon entfernt. Eine klitzekleine Chance, nicht hinzufallen, gibt es aber laut den Forschern trotzdem. Der Neigungswinkel des Beins muss beim Auftreten auf die Bananenschale so klein wie möglich sein. Maximal 3,8 Grad Neigung dürfen es sein. Normalerweise treten Menschen mit rund 15 Grad Neigung auf. Einer schottischen Pipeband aber könnte es beim steifen Marschieren durchaus gelingen! Übrigens: Auch diese Forscher wurden für ihre Arbeit im Jahr 2014 mit dem satirischen Ig-Nobelpreis ausgezeichnet.

Warum erzähle ich Ihnen von Dick und Doof und dem Phänomen der rutschigen Bananenschalen? Ganz einfach. Es ist zwar keine typisch schottische Frucht, dafür aber eine gute Metapher. Ab sofort sollen Sie bei jeder Banane an Ihr persönliches Veränderungsvorhaben denken. Dort verhält es sich ähnlich. Je mehr Gedanken Sie sich im Vorfeld über mögliche Gefahrenquellen machen, diese markieren und sich zudem überlegen, wie sie mit ihnen umgehen werden, falls sie auftauchen, desto sicherer und erfolgreichen werden Sie den Veränderungsweg beschreiten können. Der Dick und Doof-Film *In Oxford* lief in Deutschland unter vielen Namen. Der letzte Titel lautete *Wissen ist Macht*.

Ich habe der Bananenschale übrigens einen Namen gegeben. Stellvertretend und symbolisch für alle gelben Gefahren heißt sie Horst. Horst, die Bananenschale. Warum Horst? Einfach weil mir dieser Name gut für meine 150 Zentimeter große

Plüsch-Bananenschale gefallen hat und es sich zudem um einen Namen meiner Generation handelt. Genauso gut hätte die Bananenschale Klaus, Stefan, Michael, Frank, Ralf, Petra, Sabine oder Susanne heißen können. Ich habe mich aber für Horst entschieden. Falls Ihr Vorname so lauten sollte, nehmen Sie es einfach mit Humor! Als ich Horst, die Bananenschale, das erste Mal bei einem Vortrag auf der Bühne meinem Publikum vorstellte, fiel mir auf: Horst heißt mit Nachnamen so wie ich. Jegliche Verbindung zu unserem ehemaligen Bundespräsidenten ist definitiv unbeabsichtigt.

Bananenschalen auf unserem Veränderungsweg.

Die Erfolgschancen für Ihr Veränderungsprojekt erhöhen sich, wenn Sie die wichtigsten Bananenschalen sichtbar machen und gedanklich vorwegnehmen. Am besten sogar schriftlich. Ich habe mir dafür sogar extra Erinnerungskarten anfertigen lassen, auf welchen Horst, die Bananenschale, mich hinterlistig anschaut: »Schaffst du nicht! Ich bringe dich zu Fall!« Meine trotzige Antwort: »Das werden wir ja sehen!« Und so mache ich mir im Vorfeld zu allen Veränderungsprojekten Gedanken darüber, was mich zu Fall bringen könnte. Den wichtigsten Gefahrenquellen widme ich jeweils eine Karte, um diese wiederum an entsprechender Stelle als Erinnerungsanker zu positionieren. Damit die Bananenschale nicht als unbewusste Inkompetenz wirken kann.

Jede Karte ist wertvoll. Ich überlege mir daher gut, ob die Bananenschale es wert ist, sie auf eine eigene Karte zu schreiben. Auch das hat symbolischen Charakter. Ich anerkenne sie als echten Gegenspieler. Und kein Gegenspieler hat ein billiges Ding wie ein Post-it verdient. Egal, wie unfair er spielt. Nutzen Sie – falls Sie diese Erinnerungsmethode auch anwenden wollen – stabile, kostbare Karten. Das zeigt, dass es Ihnen ernst mit Ihrem Veränderungsprojekt ist. Ein Post-it ist wie ein Fähnchen im Wind und verschwindet schnell im Papierkorb.

Welche Bananenschalen liegen auf dem Weg zu Ihrem Ziel herum? Einige Gefahrenquellen kommen Ihnen bestimmt sofort in den Sinn. Aufschreiben! Es lohnt sich immer, sich nicht mit diesen ersten Antworten zufriedenzugeben. Wir Menschen haben ziemlich viele und vor allem große blinde Flecken. Unsere Mitmenschen wissen häufig Bescheid. Sie sagen nur nichts dazu, weil Sie unsere Erlaubnis dazu benötigen.

Ich stehe meinen Freundinnen gerne als Blinder-Fleck-Feedback-Geberin zur Verfügung. Ich muss aufpassen, dass ich nicht ungefragt coache. Eine Freundin von mir hatte ein Haus gebaut, und es gab heiße Diskussionen mit ihrem Mann, ob es eine große ausladende Terrasse oder eine »quadratisch-praktisch-geldbeutelangepasste« Version geben würde. Meine Freundin wollte aus ästhetischen und Wohlfühlaspekten die große ausladende Terrasse. Auch wenn diese deutlich teurer als die Vernunftlösung sein würde. Jedem Gast zeigte sie die Fläche und argumentierte leidenschaftlich für die Wohlfühllösung. Jeder sah die wunderschöne Terrasse bildlich vor sich. Schöne, geradlinige Holzelemente. Ansprechende großzügige Blumenarrangements. Eine einladende Verweilecke – ein richtiger Ort, um vom Stress des Alltags auftanken zu können. Welches Bild! Dann fasste sie an eine nicht vorhandene Halskette – so als ob sie sich selbst an der kurzen Leine halten müsste – und sagte: »Ich kann ja meinen Mann schon verstehen. Es kostet einiges mehr … und, und, und …« Irgendwann kam sie wieder auf ihre Leidenschaftslösung und beendete ihren Wortschwall mit einem »Was meint Ihr? Ihr findet diese Variante auch schöner, oder? Irgendwie eiern mein Mann und ich schon seit Ewigkeiten herum und entscheiden uns nicht! Warum nur?«. Meine Reaktion: »Willst du meine Meinung wirklich wissen?« »Ja!« »Wirklich?« »Doch, schon!« »Okay … Du redest ohne Punkt! Immer wenn du eine gute Argumentation formuliert hast und die Wohlfühllandschaft vor dem inneren Auge erschienen ist, zerstörst du sie wieder mit deinen Nachsätzen. Und so bringst du höchstwahrscheinlich deinen Mann dazu, zwischen beiden Alternativen hin und her zu pendeln. Du selbst aber hast dich schon längst innerlich entschieden und traust dich nur nicht, es ihm in aller Deutlichkeit zu sagen. Aus welchen Gründen auch immer. Sage doch einfach nach deiner letzten Leidenschaftsargumentation die Worte: ›Und Punkt!‹«

Als ich meine Freundin bei der Recherche für dieses Buch fragte, ob es eine Situation gäbe, bei der ich in ihr einen denkwürdigen Moment verursacht hätte, sagte sie, ohne lange nachzudenken: »Und Punkt!« Durch meine Rückmeldung konnte sie von dieser Situation auf weitere in ihrem Alltag schließen. Aus der unbewussten Inkompetenz wurde eine bewusste Inkompetenz, und gleichzeitig bekam sie ein Mittel in die Hand, es anders machen zu können. Sich in ihrem Verhalten zu ändern. Mit zwei kleinen Worten: »Und Punkt.« Das Einzige, was sie machen muss, ist, diese zwei Worte im Alltag auch anzuwenden. Dafür braucht es eine gute Selbstbeobachtungsgabe. Sie lachte, als sie mir neulich am Telefon sagte: »Tanja, und dann rede ich und rede ich und rede ich und irgendwann merke ich: Hey, der Punkt fehlt. Und dann kann ich ihn machen. Indem ich ihn genau so ausspreche! Und Punkt!« Freunde brauchen eine Einladung, damit sie auf Ihre blinden Flecken in Ihrem Veränderungsprozess hinweisen dürfen. Ungefragtes Feedback stößt häufig auf Abwehrreaktionen – auch wenn an der Rückmeldung viel Wahres dran ist. So ticken wir Menschen. Ich freue mich übrigens auf die kommenden Sommer, wenn auch ich auf der wunderschönen Terrasse meiner Freundin mich vom Stress des Alltages erholen kann.

Seien Sie mutig und fragen Sie Ihre Freunde, was diese glauben, welche Mechanismen Ihnen im Weg stehen und zur Rutschgefahr werden können. Und falls Sie Ihre Freunde nicht einweihen wollen, fragen Sie sie zumindest in Gedanken und tun so, als ob. Auch hier gilt: Aufschreiben! Spiegelstriche genügen. Nehmen Sie sich Zeit, das ist Teil Ihrer Erfolgsstrategie. Ich unterscheide zwischen inneren und äußeren Gefahrenquellen. Meines Erachtens sind die gefährlicheren Bananenschalen die, die von innen kommen.

Bananenschalen von innen.

The Bag – der Luftsack

Über den Luftsack werden die Drones und die Spielflöte mit Energie versorgt. Zu viel Luft ist dabei genauso falsch wie zu wenig Luft. Der Druck im Inneren des Luftsacks muss immer konstant sein, dafür muss sich der Armdruck ständig entsprechend verändern. Das bedeutet: Wenn man das »Innen« versteht, kann man über das »Außen« reagieren. Eine Fähigkeit, die über die beschriebenen Druck- und Atemtechniken erlernbar ist. Anfällige Stellen am Luftsack sind die Stellen, an welchen es Übergänge gibt – also überall dort, wo es einen Übergang zu einem anderen Dudelsackteil gibt: Bordunes, Chanter, Blowpipe. Diese Stellen müssen sorgfältig gewartet werden und werden in der Regel vom Dudelsackspieler mit einem Klebeband zusätzlich abgedichtet. Traditionell ist der Luftsack aus Leder hergestellt. Dies erfordert jedoch einiges an Aufwand für die Wartung, denn der Sack muss immer luftdicht sein. Und das, obwohl die beim Spielen anfallende Feuchtigkeit über die Oberfläche verdunsten können muss. Das Innere des Lederluftsacks muss regelmäßig mit einem Dichtmittel behandelt werden. Inzwischen gibt es auch Luftsäcke aus einem speziellen Gore-Tex-Material. Aber auch der Kunststoffsack muss allein schon aus hygienischen Gründen regelmäßig gereinigt werden. Es gibt unterschiedliche Möglichkeiten, um die Feuchtigkeit im Sack zu regulieren. Für sogenannte Wet Blower gibt es Wasserfallen, die die Feuchtigkeit in einer Art Flasche innerhalb des Sacks auffangen.

Eines Tages war ich selbst Zuhörerin bei einer Vortragsveranstaltung. Ich kannte den Redner persönlich, und so ging ich am Schluss zu ihm hin, um für seine tollen Anregungen und seine inspirierenden Worte zu danken. Ich war ziemlich überrascht, als plötzlich ein ehemaliger Kunde von mir mich von hinten auf die Schultern tippte. »Schön, dass Sie auch hier sind, Frau Köhler! Das war echt ein toller Vortrag. Finden Sie nicht auch? Aber es war leider nichts Neues dabei! Was soll's! Wiederholungen sind ja auch gut!« Wie gerne hätte ich ihm gesagt, dass er in seiner Funktion als Führungskraft erst mal alle Dinge angehen und umsetzen sollte, für die ich ihn lange und intensiv versucht hatte, zu sensibilisieren. Wie Sie sicherlich schon heraushören – leider ohne Erfolg. Seine klare Meinung: Wenn alle anderen sich anders verhalten würden, könnte er endlich gut arbeiten und wirklich Großes bewegen. Self-Serving Bias. Sie erinnern sich? Eine mächtige innere Bananenschale! Hätte ich ihn gefragt, ob er inkompetent sei, und wenn ja, wie sehr, hätte er sicherlich souverän auf seinen grandiosen Schulabschluss hingewiesen. Wie war das? Intelligenz schützt vor Dummheit nicht. Da es sich um einen ehemaligen Kunden handelte, war es nicht meine Aufgabe, ihn in eine Selbstreflexion hineinzuführen.

Vielleicht unterliegt dieser Mensch auch einem anderen Denkfehler als dem Self-Serving Bias. Vielleicht unterliegt er der sogenannten Intelligenzfalle. Der britische Psychologe Edward de Bono formulierte diese hinterlistige Bananenschale wie folgt: »Je intelligenter ein Mensch ist, desto schneller läuft er Gefahr, sich in seinem Denken zu verrennen.« Intelligente Menschen lernen in der Regel leichter. Sie können sich dank ihrer Intelligenz rasch eine Meinung bilden und für diese auch aufgrund ihrer Intelligenz gut argumentieren. Allerdings: Je besser jemand für seine Ansicht argumentieren kann, desto weniger könnte er es für notwendig erachten, anderen richtig zuzuhören und nach Alternativen zu suchen. Der Grund: Er hat schon eine scheinbar richtige Meinung. Solche Menschen bleiben gerne bei der von ihnen favorisierten Lösung. Sie lassen sich nur ungern verbessern, und Alternativen winken sie mit einem müden Lächeln ab. Ich weiß es besser, das funktioniert nicht!

Wem also Dinge leicht zufallen, der gerät leichter in diese Falle als jemand, der sich Wissen erarbeiten muss. Die Notwendigkeit, Veränderungsvorschläge gründlich zu durchdenken und auf sich wirken zu lassen, nimmt bei Menschen, die in die

Intelligenzfalle tappen, leider ab. Und somit verbauen sich hochintelligente Menschen oft selbst Möglichkeiten und Chancen. Sie sind belesen, kennen scheinbar alles, nur umsetzen tun sie es nicht. Das ist ihr blinder Fleck. Ihre Abwehrmechanismen greifen ziemlich gut. Um was geht es bei diesen Menschen, wenn der Nebel der Intelligenz sich lichtet? Da es sich um einen ehemaligen Kunden handelt, brauche ich dieser Frage nicht mehr weiter nachzugehen. Irgendetwas in die Richtung »Kontrolle über die Situation haben« und vor anderen glänzen wollen.

Falls Sie in der Intelligenzfalle stecken beziehungsweise jemanden kennen, bei dem es vermutlich so ist, stellt sich die Frage, wie es gelingen kann, aus ihr herauszukommen. Es bedeutet harte Reflexionsarbeit. Erst einmal muss man um die Gefahrenquelle wissen. Dann sollten Sie eine riesige Portion Selbstzweifel walten lassen. Hinterfragen Sie Ihre Haltung und Meinung und klopfen Sie diese nach allen Richtungen hin ab. Suchen Sie Alternativen und vermeiden Sie vorschnelle Schlüsse. Und vor allem: Nehmen Sie sich Zeit für die Dinge, die Sie schon gehört und gelesen haben, und verarbeiten Sie sie auf einer tieferen Ebene. Drei wichtige innere Bananenschalen haben Sie inzwischen kennengelernt, und ich wiederhole sie an dieser Stelle gerne noch einmal kurz und bündig. Denn sie sind elementar, auch wenn sie nicht neu sind.

Achtung, innere Bananenschale!
Sich selbst in die Tasche lügen!

Zum einen die Unehrlichkeit zu sich selbst. Ab und zu zeigt sie sich im Gewand der kognitiven Dissonanz: Trotz statistischer Tatsachen reden wir uns die Dinge schön. Dieses Phänomen sorgt häufig dafür, dass wir gar nicht starten. Es spiegelt sich in Sätzen wie: »Dafür habe ich noch viel Zeit! Die Hälfte meines Lebens liegt noch vor mir! Meine Oma hat auch nie Sport gemacht und ist 96 Jahre alt geworden und, und, und.« Wie müssten Sie diese Sätze umformulieren, wenn Sie ehrlich zu sich wären?

Lassen Sie mich versuchen, Sie noch über eine andere Methode für das Thema »Ehrlichkeit« zu sensibilisieren. Auf einer Skala von 0 (ganz schlecht) bis 10 (absolut): Wie ehrlich sind Sie zu sich selbst? Eine 6? Eine 7? Eine 8 oder eine 9 oder sogar eine Traumeinschätzung von 10 für absolut, sprich superehrlich? Schreiben Sie Ihre Einschätzung bitte auf. Und wenn ich nun Ihren besten Freund fragen würde, welche Meinung er dazu hat. Was würde mir Ihr bester Freund antworten, wie ehrlich Sie tatsächlich zu sich sind? Welchen Wert würde er Ihnen geben? Mit dieser Fragetechnik kann man sich selbst auf die Schliche kommen. Psychologen nennen diese Technik »Skalierungsfragen« und verwenden sie für lösungsorientierte Veränderungsprozesse. Sie schätzen sich selbst mit einer 7 in Sachen Ehrlichkeit ein? »Was bräuchte es, damit Sie sich selbst eine 10 für absolut ehrlich geben könnten?« Antworten bitte aufschreiben!

Achtung, innere Bananenschale!
Seinen Wurzeln keine Beachtung schenken.

Die zweite Ihnen bereits bekannte innere Gefahrenquelle ist die Unwissenheit beziehungsweise das Außerachtlassen der eigenen Herkunft, vor allem die Beziehung zu den Eltern. Es ist egal, ob Sie sagen: »Die Beziehung zwischen meinen Eltern und mir ist gut!«, oder Sie der Überzeugung sind, dass die schlechte Beziehung zu Ihren Eltern längst Geschichte und verarbeitet ist. Auch wenn Sie erwachsen sind und Sie sich in der Mitte des Lebens befinden – die Beziehung zu Ihren Eltern nimmt auf subtile Art und Weise Einfluss auf viele Ihrer Entscheidungen und Verhaltensweisen.

Ein Beispiel: Warum versucht die Managerin eines weltweit agierenden Konzerns mit allem Können und der ihr zur Verfügung stehenden Macht, die übergreifenden Abteilungsstrukturen möglichst effizient zu gestalten; alle nur denkbaren Prozesse immer irgendwie zu ermöglichen und diese auch in schwierigen Zeiten aufrechtzuerhalten? Und durch ihr übermäßiges Engagement die Unfähigkeit ihrer zum Teil besser bezahlten Kollegen deckt und sie sich selbst an ihre physische und psychische Grenze bringt? Ich glaube nicht, dass ein solches Verhalten allein durch unternehmerisches Denken erklärbar ist. Wer das Kind eines Alkoholikers ist, der hat frühzeitig gelernt, wie man Systeme überlebensfähig gestaltet und nach außen hin gute Miene zeigt. Wie man die Unfähigkeit eines Menschen über Jahre hinweg deckt, um das Trugbild einer intakten Familie aufrechtzuerhalten und nicht komplett zu gefährden. Auch wenn der Preis dafür ist, sich selbst zu opfern.

Ein weiteres Beispiel: Warum bietet der Geschäftsführer eines großen mittelständischen Unternehmens im Ruhrgebiet seinem Schwiegervater, der das Unternehmen gegründet hat und schon lange in Rente ist, nicht die Stirn, wenn sich dieser wieder und wieder eigenmächtig in das aktuelle Tagesgeschäft einmischt? Weil er das Gründervorrecht hat und ein ziemlicher Dickschädel ist? Oder weil sich die Herkunft des Geschäftsführers als Sohn eines Postboten offenbart? Darf der Sohn eines Postboten ein großes Unternehmen leiten und es auf heiß umkämpften Märkten mit allen Tricks steuern? Ich frage mich schon sehr lange, was dieser Geschäftsführer tun wird, wenn sein Schwiegervater eines Tages sterben wird. Wird er die erwünschte Freiheit spüren? Wer weiß? Ich bin mir sicher, der Geschäftsführer wird weiterhin dafür sorgen, dass die Prozesse gut laufen, die Wege immer besser begehbar und kürzer werden und »die Post« just in time und zuverlässig zugestellt wird. Damit will ich nicht sagen, dass er einen langweiligen Job macht. Ganz und gar nicht. Das Gegenteil ist der Fall. Er hat meines Erachtens nur nie gelernt, wirklich aufzubegehren.

Ich könnte Ihnen noch viele Beispiele nennen, bei welchen die Lösung eines beruflichen Entwicklungsthemas hauptsächlich in der Herkunftsfamilie zu finden ist. Großartig, wenn ich die Erlaubnis für dieses Tabuthema erhalte. Keine gute Prognose, wenn ich sie nicht erhalte. An dieses Thema kommen Sie selbst nur mit viel Geduld heran. Zeichnen Sie zunächst eine Art Stammbaum.

Wer ist Ihre Familie? Woher kommt sie? Wer wurde wann wo geboren?

Welche schweren Schicksale gab es? Wurde jemand aus der Familie ausgeschlossen? Warum?

Gab es wiederkehrende Krankheiten und andere Vorkommnisse?

Wer traf die Entscheidungen in der Familie?

Wie wurde mit Veränderungen umgegangen?

Welche Geschichten werden erzählt? Welche Sätze fallen immer wieder?

Welche offenen und welche versteckten Glaubenssätze könnten sich dahinter verbergen?

Welchen Einfluss könnten diese auf Ihr Veränderungsvorhaben haben?

Welches Verhaltenserbe haben uns unsere Eltern und Großeltern mit auf den Weg gegeben und wie bremst dieses Erbe uns aus oder sorgt umgekehrt dafür, dass wir andauernd in Bewegung sind und niemals zur Ruhe kommen? Obwohl wir vielleicht schon angekommen sind?

Und, und, und. Sie sehen, es gibt viele Fragen, um sich ganz anders mit Ihrer Familie und deren Einfluss auf Ihr Veränderungsprojekt auseinanderzusetzen. Mein Tipp: Versetzen Sie sich nacheinander in jede Person auf Ihrer Zeichnung. Möglicherweise erhalten Sie durch die veränderte Perspektive neue Impulse für Ihr persönliches Veränderungsvorhaben.

Achtung, innere Bananenschale!
Das Warten auf den Veränderungsimpuls.

Warten Sie noch oder sind Sie bereits auf der Suche? So oder ähnlich könnte ein Slogan für die Beachtung dieser inneren Bananenschale lauten. Warten Sie auf Ihren Veränderungsimpuls wie auf den berühmt-berüchtigten Prinzen auf dem weißen Pferd oder suchen Sie ihn aktiv? Verharren Sie, bis Ihnen Kommissar Zufall mit dem richtigen Impuls zu Hilfe kommt? Eventuell sogar so lange, bis es einfach gar nicht mehr anders geht? Ihnen keine andere Wahl bleibt? Ihr Arbeitgeber Ihnen zum Beispiel kündigt, obwohl Sie schon viele Jahre selbst unzufrieden mit ihm sind? Oder Ihr Ehepartner Sie verlässt, obwohl auch Sie seit Ewigkeiten mit diesem Gedanken spielen und nur wegen der

Kinder geblieben sind? Oder der Arzt Sie aufgrund Ihres Erschöpfungszustandes mit einer Krankschreibung offiziell aus dem Verkehr zieht. Ausgerechnet, wo Sie so lange durchgehalten haben und nun Ihr seit über einem Jahr geplanter Schottland-Highland-Urlaub vor der Tür steht? Soll Ihnen jemand die Entscheidung abnehmen oder wollen Sie selbst bestimmen, was passiert? Fangen Sie erst an abzunehmen und mehr Sport zu machen, wenn bei Ihnen Diabetes diagnostiziert wird und die Bauchspeicheldrüse bereits Schäden hat, oder suchen Sie aktiv den richtigen Impuls, der Sie in Bewegung bringt, um dieser heimtückischen Krankheit proaktiv entgegenzuwirken?

Was auch immer Ihr Veränderungsthema ist – ich möchte Ihnen aus tiefstem Herzen mitgeben: Unterschätzen Sie diese Bananenschale nicht und machen Sie sich aktiv auf die Suche nach dem einen Impuls, der Sie in die Veränderung bringt. Heute. Nicht morgen. Und auch nicht übermorgen. Tag für Tag. Bis Sie ihn finden! Vielleicht hilft Ihnen die Frage: »Was würdest du bereuen, nicht getan zu haben, wenn du wüsstest, dass morgen dein letzter Tag wäre?« Vielleicht tritt der eine richtige Veränderungsimpuls durch eine neutrale dritte Person in Ihr Leben. Wie oft höre ich bei meinen Teaminterventionen die Worte: »Das habe ich schon oft zu ihr gesagt; aber auf mich hört sie nicht!« Da sage ich nur: richtiger Impuls, falsche Person! Darauf haben Sie leider keinen Einfluss. Aber seien Sie sich in einem sicher: Sie haben zumindest dafür gesorgt, dass aus der unbewussten Inkompetenz eine bewusste Inkompetenz wurde. Mein Tipp: Schauen Sie sich mit offenem Geist um. Wenn ein Zitat oder bestimmte Liedzeilen Sie ansprechen, dann ist es wert, tiefer darüber nachzudenken, was das mit Ihnen und Ihrem eigenen Veränderungsvorhaben zu tun hat.

Achtung, weitere innere Bananenschalen!
Die für mich wichtigsten inneren Bananenschalen habe ich Ihnen mit Lösungsmöglichkeit vorgestellt. Hinzu kommen weitere Herausforderungen, wie zum Beispiel der fundamentale Attributionsfehler mit seinem Spezialfall dem Self-Serving Bias. Zur Erinnerung: Bei Ersterem neigen wir dazu, den Einfluss einer Person zu überschätzen und die Situation außer Acht zu lassen. Beim Self-Serving Bias suchen wir die Gründe für unseren Misserfolg bei den anderen beziehungsweise in der Umwelt. Wenn wir Erfolg haben, sind selbstverständlich wir dafür verantwortlich.

Auf dem Büchermarkt gibt es zahlreiche Bücher, die sich ausschließlich mit Denk- und Handlungsfehlern befassen. Alle mehr oder weniger nett zum Lesen, mir persönlich fehlt jedoch der Transfer auf Ihr konkretes Thema. Frei nach Aristoteles' »Das Ganze ist mehr als die Summe seiner Teile« sind für mich Denk- und Handlungsfehler mehr als nur eine schnöde Aneinanderreihung. Erst in Bezug auf die persönliche Veränderungssituation erhalten sie eine Bedeutung. Erst durch den Transfer auf die eigene Situation erhalten sie einen Mehrwert. Vielleicht fragen Sie sich, warum Sie den berühmt-berüchtigten Schweinehund nicht finden. Ich glaube, dass es sich bei ihm um eine multiple Persönlichkeit handelt, der sich je nachdem in allen genannten Aspekten wiederfindet.

Die Tanja und ihre inneren Dudelsack-Bananenschalen.
Meinen Veränderungsimpuls musste ich nicht suchen. Ich begegnete ihm zufällig durch diesen denkwürdigen Moment am William Wallace Monument in der Nähe von Stirling. Meine größte Bananenschale in Sachen Dudelsack zeigte sich im Vor-

feld der Entscheidung und war in meiner Herkunft begründet. Innere Gedanken blockierten mich: »Was??? So viel Geld!? Wie kann man so viel Geld für etwas ausgeben, wo doch hier seit fast 30 Jahren ein teures Klavier zweckentfremdet als Raumtrenner darauf wartet, wieder aktiviert zu werden! Außerdem, bei der Gitarre war es doch auch so: Erst wolltest du sie unbedingt haben und dann hast du doch abgebrochen.« Wohlgemerkt – niemand hatte je nur annähernd ähnliche Worte zu mir gesagt. Und trotzdem formulierten sie sich in mir. Es ging nie darum, was meine Eltern tatsächlich sagen würden, es ging immer nur darum, was ich diesbezüglich glaubte. Verstärkend kamen noch hinderliche Glaubenssätze hinzu wie: »Instrumente lernt man nur in jungen Jahren, und alle Dudelsackspieler sind Witzfiguren.« Pffft!

Eine andere Frage ist, welche Bananenschalen sich bei mir in Sachen Dudelsacküben zeigen. Darauf rutsche ich zeitweise mächtig aus. Hier ist es vor allem die Ehrlichkeitsbananenschale. Keine Lust versteckt sich hinter »keine Zeit«. Auf einer Skala von 0 bis 10 gebe ich mir in Sachen Ehrlichkeit volle Punktzahl. Die entsprechende Erinnerungskarte lautet daher: »Du willst doch bei deinen Vorträgen glaub- und ohrenwürdig Dudelsack für dein Publikum spielen!? Also: Hast du wirklich keine Zeit oder einfach nur keine Lust?« Und mit einem Schmunzeln steht auf der gleichen Karte ergänzend in winzig kleinen Buchstaben: »Außerdem hast du ein Vermögen für die Pipe investiert und zahlst zudem gutes Geld für deinen wöchentlichen Unterricht!«

Bananenschalen von außen.
Äußere Gefahrenquellen von Personen und Situationen.

The Blowpipe – das Anblasrohr
Wie kommt die Luft in den Sack? Über das Anblasrohr bläst der Dudelsackspieler den Luftsack auf. Es hat keinerlei tongebende Funktion, aber es spendet die notwendige Energie, damit man spielen kann. Ein Rückschlagventil sorgt dafür, dass die Luft nicht zurückfliesen kann, wenn der Spieler Atem holt.

Wer oder was kann für Sie auf dem Weg in die Veränderung zur gelben Gefahr werden? Ich glaube, dass dieser Frage in der Regel zu wenig Beachtung geschenkt und sie zu lapidar beantwortet wird. Auch hier gilt: Das Ganze ist mehr als die Summe seiner Teile. Eine Methode, mit der ich die unterschiedlichen Einflüsse auf und damit Klärung in den Veränderungsprozess bringen kann, ist das sogenannte »Auftragskarussell«. In meiner Ausbildung zur Systemischen Beraterin am Institut für Familientherapie in Weinheim bin ich dieser Problemklärungsmethode von Arist von Schlippe begegnet – und seitdem ein echter Fan davon. In seiner ursprünglichen Form dient die Methode dazu, den Einfluss von nicht anwesenden Dritten im Beratungssetting sichtbar zu machen. Ziel ist, sich in festgefahrenen Situationen einen Überblick über die äußeren und inneren Stimmen und deren Einfluss auf das Therapiegeschehen zu verschaffen. Höchst komplexe Wirkungen und Wechselwirkungen können mit dem Auftragskarussell sichtbar gemacht werden. Manchmal wird die Methode auch »Münchhausens Zopf« genannt, weil man sich wie Münchhausen in einer seiner Geschichten am »eigenen Zopf aus dem Sumpf« ziehen und die eigene Bewegungsmöglichkeit wiederherstellen kann. Für das Sichtbarmachen der Gefahrenquellen auf dem Veränderungsweg habe ich das Auftragskarussell etwas modifiziert. Der Kern ist gleich, die Fragen variieren je nach Kontext.

Bei einem meiner Kunden aus der Automobil-Zulieferbranche sollte die abteilungsübergreifende Zusammenarbeit verbessert werden. Und zwar deutlich. Warum? Weil es große Mengen an Mängelproduktion gab und diese riesige Kosten verursachten. Sie können es sich denken. Tatsächlich stellte ich nicht die Warum-, sondern die Wozu-Frage. Wozu sollte die Zusammenarbeit optimiert werden? Antwort: Um durch eine Reduzierung der durch Mängelproduktion verursachten Kosten einen Gewinnvorteil zu erzielen. Ein Teil dieser eingesparten Kosten sollte gezielt in die Produktentwicklung investiert, der andere Teil an die Mitarbeiter als Dankeschön für ihr Engagement ausgeschüttet werden. Meine Vermutung: Ein großer Teil der Mängelproduktion entstand durch die hoppla-hopp geprägten Abstimmungsprozesse im Unternehmen. Mit 25 Führungskräften sowie der Geschäftsleitung zogen wir uns zu einer zweitägigen, von mir moderierten Klausurtagung zurück. Mehr als nur einmal hatte ich während meiner Tätigkeit in den Wochen davor im Stillen gedacht: »Der arme Leiter Qualitätsmanagement! Alle zerren an ihm herum. In alle möglichen Richtungen. Einem Lob aus der einen Richtung folgten Kantenschläge aus den anderen! Außerdem scheint er sich an bestimmten Stellen irgendwie selbst im Weg zu stehen!«

Ich nahm mir vor, meine Wahrnehmung im Workshop zu beleuchten und am Beispiel der Abteilung Qualitätsmanagement über die Methode des Auftragskarussells Klarheit für das »Zusammenspiel der Zusammenarbeit« zu bekommen. Immer wenn die Zusammenarbeit von Abteilungen im Fokus der Aufmerksamkeit steht, benenne ich die Methode in Nahtstellenkarussell um. Den Begriff »Nahtstelle« benutze ich lieber als »Schnittstelle«. Der letztere bedeutet für mich, etwas abzuschneiden. Nahtstelle hingegen bedeutet für mich, etwas zusammenzubringen. Gute Nähte können ein Leben lang halten. Allerdings nur, wenn daran nicht permanent zu fest und von zu vielen Seiten gezogen wird.

Ich setzte den Leiter Qualitätsmanagement auf einen Stuhl in der Mitte des Raums und fragte ihn, mit welcher Abteilung es die meisten Berührungspunkte gäbe. Produktion. Vertrieb. Montage. Arbeitsvorbereitung. Instandhaltung. Geschäftsführer. Eigentlich auch Gesellschafter. Und. Und. Und. Für jede Nahtstelle nahm ich einen eigenen Stuhl, stellte diesen in einem Abstand von etwa drei Metern zur Mitte auf und ließ die entsprechende verantwortliche Person darauf Platz nehmen. So entstand relativ rasch ein Kreis um den Qualitätsmanager herum. Dicht an dicht standen die Stühle, besetzt mit großen Jungs. Ein komplexes System, welches einem alleine schon aufgrund dieser Betrachtung die Luft zum Atmen hätte nehmen können. Wenn ich mich richtig erinnere, standen lediglich noch zwei Personen außerhalb der Anordnung. Ihnen gab ich die Rolle des Beobachters. Hätte ich die Situation aus der Vogelperspektive fotografiert, hätte die Anordnung wie ein Riesenrad ausgesehen. Oder eben ein Karussell.

Jede Führungskraft bekam von mir einen Stift und ein Blatt Papier. Auf dieses sollten sie in fünf Minuten stiller Einzelarbeit stichpunktmäßig folgende Fragen beantworten:

(1) Was ist mein offizielles Anliegen an dich/an deine Abteilung?

(2) Was erwarte ich zusätzlich, quasi »inoffiziell« von dir/von deiner Abteilung?

(3) Was könnte ich/meine Abteilung dazu beitragen, die Zusammenarbeit besser zu gestalten?

(4) Was könnte der Qualitätsmanager/die QM-Abteilung ihrerseits dazu beitragen?

Der Qualitätsmanager blieb ruhig in der Mitte sitzen. Er hatte bis dahin keine Aufgabe. Bewusst hielt ich den Zeitrahmen mit fünf Minuten sehr knapp. Ich wollte wesentliche Aussagen, keine Abhandlung. Kein Pamphlet. Pünktlich nach fünf Minuten startete ich das Karussell. Ich richtete den Stuhl mit dem Qualitätsmanager auf die Blickrichtung zum Produktionsleiter aus. Situationen filetieren, so nenne ich das. Die Person in der Mitte kann sich voll und ganz auf eine einzige Nahtstelle konzentrieren. Alles andere darf und soll ganz legitim ausgeblendet werden. In aller Ruhe stellte ich dem Qualitätsmanager nach und nach Fragen, deren Antworten sein Gegenüber jeweils unter seine eigene Antwort schreiben sollte.

(1) Was ist mein offizieller Auftrag in der Zusammenarbeit mit der Produktion/dessen Leiter?

(2a) Was glaube ich, was die Produktion/dessen Leiter sonst noch – inoffiziell – von mir erwartet?

(2b) Was erwarte ich selbst – inoffiziell – von der Produktion?

(3) Wie könnte die Produktion/dessen Leiter die Zusammenarbeit mit mir/uns besser gestalten?

(4) Was könnte ich/meine Abteilung dazu beitragen?

Es war mucksmäuschenstill im Raum. Lediglich die hoch konzentrierten, kurzen Antworten des Qualitätsmanagers waren zu hören. Sie wurden aber nicht diskutiert. Er antwortete. Der Produktionsleiter schrieb auf.

»So weit?« Diese Frage stellte uns unser Lehrtherapeut in der systemischen Ausbildung. Und zwar immer, um einen Prozess offiziell abzuschließen und im Programm weitermachen zu können. Mit dieser Frage forderte ich nun auch den Qualitätsmanager auf, mir zu signalisieren, dass diese Station fertig wäre. Er nickte: »So weit!« Ich richtete seinen Stuhl auf den Nachbarn des Produktionsleiters – in Fahrtrichtung rechts. Dort saß der Vertriebsleiter. Gleiches Vorgehen. Gleiche Fragen. Gleiche Prozedur. So drehte sich der Stuhl mit dem Qualitätsmanager eine Nahtstelle nach der anderen weiter, bis wir nach über einer Stunde wieder am Ausgangsort angelangt waren. Eine Pause war angesagt. Lüften. Erste Erkenntnisse austauschen. Jeder nahm wieder auf seinem Stuhl Platz.

Die zweite Karussellrunde begann. Ausgangspunkt für den QM-Leiter war wieder der Produktionschef. Dieser las nun seine eigenen Antworten vor. Die beiden tauschten sich über ihre gegenseitigen Anforderungen und Erwartungen aus. Worin waren sie sich einig? Was geht? Was geht nicht? Was könnte wie funktionieren? Wer hat eigentlich noch Einfluss auf das spezielle Geschehen zwischen beiden Abteilungen? Alle anderen hörten zu. So manches Mal sah ich, wie jemand sich Notizen machte. »So weit?« Auch hier läutete diese Frage den nächsten

Gesprächspartner im Nahtstellenkarussell an. Vertriebsleiter. Das gleiche Prozedere.

Wir benötigten über vier Stunden, bis wir die komplette Runde gedreht hatten. Das Abendessen wurde nach hinten verschoben. Egal! Alle waren mit Hochspannung dabei, schließlich wurden echte Lösungen erarbeitet. Und wieder dachte ich: »Armer Qualitätsmanager! Was für ein anstrengender Tag! Aber jetzt wird wenigstens sichtbar, wie komplex das System und damit einhergehend das Gezerre an dir ist! Dass es nur so wimmelt von konträren, zum Teil absolut unvereinbaren offiziellen und inoffiziellen Aufträgen und Erwartungen sowohl an dich als auch an deine Abteilung.« Einem Menschen in einer solchen Situation bleibt im Arbeitsalltag in der Regel nur eines, dass er nicht zum Spielball der Kräfte im System wird: Seinen eigenen Stiefel machen! Durch das Nahtstellenkarussell konnten die Führungskräfte manche Unstimmigkeiten im Arbeitsprozess selbst lösen. Einige Lösungen wurden zumindest auf den Weg gebracht. In manchen Bereichen musste der Geschäftsführer mit ins Geschehen und eine Entscheidung treffen. Die Beobachter gaben übrigens den Anwesenden später das Feedback, dass sie noch nie zuvor eine solche konstruktive Zusammenarbeit der Führungskräfte in einem Veränderungsprozess erlebt hätten. Selbst vermeintlich schwierige Positionen und Anliegen wurden diesmal auf der Erwachsenenebene gelöst.

Meine Frage an Sie: Wie anders hätte die Lösung ausgesehen, wenn der Qualitätsmanager im Rahmen seines Zielvereinbarungsgespräches die Aufgabe erhalten hätte, die Zusammenarbeit mit den anderen Abteilungen zu optimieren?

Unternehmen sind komplexe Systeme, und komplexe Systeme brauchen Methoden, die beides können: Komplexität darstellen und sie gleichzeitig reduzieren, um tragfähige Lösungen zu generieren. Mein Motto lautet daher immer: »Das gesamte System in einen Raum!« Vielleicht denken Sie jetzt: Bei meinem Veränderungswunsch geht es Gott sei Dank nicht ganz so komplex zu. Meine Antwort: Veränderungsprozesse sind immer komplex. Aus diesem Grund traue ich keinem Tschakka-Veränderungsguru. Sie sind alle großartige Verkäufer und können Ihnen richtig viel Geld aus der Tasche ziehen. Von wie vielen Erfolgsstorys aus Ihrem Umfeld können Sie berichten? Wo lesen Sie über solche Erfolgsstorys? In seriösen Medien? Meines Erachtens findet man solche Geschichten in geballter Form auf den Internetseiten dieser Tschakka-Gurus selbst beziehungsweise in entsprechenden Social-Media-Kanälen. Veränderungen sind komplex und in den allermeisten Fällen nicht lösbar über ein einfaches kleines »Tschakka!«. Veränderungen gelingen umso besser, je bedeutsamer Sie über einzelne Einflussfaktoren nachdenken. Zum Beispiel über Bananenschalen, die von Personen und Situationen herrühren könnten.

The Chanter – die Spielflöte – hier spielt die Musik!
Die Lieder und Melodien, die man intensiv auf dem Practice Chanter in- und auswendig geübt hat, werden dann in gleicher Melodie auf den Chanter der Bagpipe übertragen. Die Betonung liegt auf auswendig, oder haben Sie schon einmal einen Dudelsackspieler vor einem Notenständer gesehen? Oder gar einen Dudelsackspieler, der irgendwo eine Marschgabel samt Noten am Instrument befestigt hätte?

Ihr persönliches Veränderungskarussell.

Lassen Sie uns einen Blick auf Ihr Veränderungsvorhaben werfen und welchen äußeren Bananenschalen Sie begegnen könnten. Bevor Sie jetzt weiterlesen, sollten Sie sich mit »Statisten« versorgen. Keine Angst, ich meine keine echten Menschen, sondern irgendetwas Symbolisches, Kleines. Vielleicht haben Sie Playmobil-, Lego- oder Mensch-ärgere-Dich-nicht-Figuren von Ihren Kindern oder gar Enkeln zur Hand? Nehmen! Falls nicht, Salz- und Pfefferstreuer, Gläser und Flaschen tun es auch. Sehr gut sogar! Alles bereit? Und nun nehmen Sie sich bitte ein schönes Blatt Papier und schreiben in ebenso schöner Schrift Ihren Namen und Ihr Ziel drauf. Ihr Veränderungsvorhaben. Ihre Sehnsucht. Und zwar in einfachen, klaren Worten. Ohne Nebel. »Ich will …« Bei mir stand: »Ich, Tanja Köhler, will Dudelsack spielen können!«

Nehmen Sie sich als Nächstes den ansprechendsten Gegenstand, der vor Ihnen auf dem Tisch steht, und stellen Sie ihn symbolisch als Ihren Stellvertreter auf das Blatt Papier. Auf geht's ins Veränderungskarussell! Jetzt heißt es nachdenken. Überlegen Sie Schritt für Schritt, wer von Ihrem Ziel beeinflusst wird oder involviert sein könnte, obwohl es zumindest offensichtlich keine Berührungspunkte gibt. Ihre Familie, Ihre Kinder, Ihre Eltern (auch wenn sie nicht mehr leben sollten), Ihre Geschwister, andere Familienangehörige? Kollegen, Vorgesetzte, Nachbarn und so weiter und so fort? Schreiben Sie für jeden Beteiligten ein kleines Namensschild. Kleben Sie es an einen der Statisten und stellen Sie diese dann nach und nach im Kreis um Ihren Stellvertreter herum. Nehmen Sie sich bitte Zeit dafür. Haben Sie jemanden vergessen? Was würde mir Ihr bester Freund sagen, wen Sie vergessen haben? Niemanden? Wirklich? Keine Angst, spätestens wenn Sie das Karussell für sich anwenden, wird diese Person – falls Sie wirklich jemanden vergessen haben sollten – irgendwo wie von Geisterhand als Thema erscheinen. Stellen Sie abschließend noch drei Statisten ohne Namen hinzu und schließen Sie den Kreis um sich herum. »So weit?« Wenn Sie mir jetzt zunicken, schicke ich Sie erst mal los, damit Sie sich einen schönen Kaffee oder Tee zubereiten können. Der nächste Schritt braucht Zeit.

Wieder da? Na dann kann es losgehen. Ihr eigenes Veränderungskarussell. Nur vom Lesen kommen Sie nicht in die Veränderung. Beginnen Sie Ihr Karussell bei der Person, die in Zwölf-Uhr-Position zu Ihnen steht. Gehen Sie nun gefühlsmäßig in die Gestalt in der Mitte. Das sind Sie. Nutzen Sie bitte diese Technik. Rein kopfmäßig ist diese Methode nicht zu leisten. Es braucht die gefühlte Beziehung. Drin? Okay. Und nun konzentrieren Sie sich auf die Person Ihnen gegenüber. Alle anderen Personen im Karussell können Sie ausblenden. Beantworten Sie nun auf einem Blatt Papier oder einer Karte folgende Fragen:

(1) Was glauben Sie, was diese Person über Ihr Ziel denkt? Was spricht sie offiziell aus? Ist das stimmig mit Ihrer Wahrnehmung, oder was glauben Sie, was sie wirklich meint? Was behält sie eventuell für sich? Wenn sich vorhandener Nebel bei dieser Person lichten würde, was würde sich zeigen? Welches Gefühl wäre sichtbar? Notieren Sie sich bitte Spiegelstriche zu meinen Fragen, unabhängig davon, ob diese Person Ihnen wohlgesonnen ist oder Sie Schwierigkeiten für Ihren Veränderungsprozess erwarten.

(2) Mit welchem konkreten Verhalten, welchen Sätzen, Worten und Gesten könnte Sie diese Person auf Ihrem Weg zu Fall bringen? Wie könnte auch eine wohlgesonnene Person Ihnen Bananenschalen in den Weg werfen?

(3) Mit welchem konkreten Verhalten, welchen Sätzen, Worten und Gesten könnte diese Person Sie auf Ihrem Weg unterstützen und dadurch sogar eventuell zu einem Verbündeten werden?

(4) Formulieren Sie abschließend einen kurzen, prägnanten Satz: Was werden Sie dieser Person sagen, damit sie Sie in Ihrem Veränderungswunsch unterstützt?

»So weit?« Dann legen Sie bitte das Antwortblatt hinter den Statisten und rücken im Uhrzeigersinn zur nächsten Person vor. The same procedure as before! So lange, bis Sie einmal durch das komplette Karussell durch sind. Falls Ihnen unterwegs etwas zu einer vorherigen Person noch einfällt, notieren Sie es sich einfach auf das entsprechende Antwortblatt. Wollen Sie jetzt eine Pause machen? Einmal lüften? Dann mal los!

Schwierige Situationen.

Im nächsten Schritt machen wir uns Gedanken über ganz konkrete Situationen, welche Sie zu Fall bringen können. Manchmal hängen diese unmittelbar mit bestimmten Personen zusammen. Wie zum Beispiel mein Gewichtsjammerthema und mein Mann. Er ist sehr sportlich, und deswegen gibt es oft leckere Pasta bei uns. Da esse ich doch gerne mit. Das Problem: Ich war zuvor nicht vier Stunden mit dem Rennrad unterwegs.

Ich weiß nicht, welchen persönlichen Herausforderungen Sie auf Ihrem Weg begegnen werden. Was für den einen kein

Problem ist, stellt sich für den anderen als fast unüberwindbare Situation heraus. Es gilt: Je besser Sie darauf vorbereitet sind, desto wahrscheinlicher ist, dass Sie gegensteuern können. Wie der Stuntman, der die Bananenschalen sehen durfte. Neben den betroffenen Personen gilt es deswegen auch, entsprechende Situationen im Vorfeld zu benennen. Welche konkreten Situationen könnten Ihnen gefährlich werden? Bis zum Jahr 2003 war ich starke Raucherin. Zwei bis drei Schachteln täglich. Der denkwürdige Moment zum Aufhören war ein Porträtfoto, das jemand von mir gemacht hatte und das mit vielen anderen Bildern während einer Jubiläumsfeier auf eine Leinwand projiziert wurde. Ich bin total erschrocken, als ich mich selbst sah. Gefühlt bestand mein komplettes Gesicht aus großen, grauen Poren. Das Meiden von Rauchern während der ersten Phase der Abstinenz war die eine Herausforderung. Die andere bestand in Situationen, die für mich eng verschmolzen mit dem Genuss einer Zigarette einhergingen. Und ich spreche nicht von der berühmten Zigarette danach. Mein Mann war schon immer Nichtraucher und hätte das nicht geduldet. Damals machte ich mir jeden Morgen einen Cappuccino, und zu diesem gehörte für mich immer eine Zigarette dazu. Auf dem Balkon. Oder das Glas Wein am Abend. Auch hier gehörte die Zigarette dazu.

Was mir geholfen hat, war die konkrete Benennung und mentale Entkoppelung solcher Situationen vom Rauchen. Fakt ist: Ich muss keine Zigarette rauchen, wenn ich Cappuccino oder Wein trinke. Lachen Sie jetzt aber bitte nicht. Es stellt sich tatsächlich die blöde Frage: »Okay, muss ich nicht – aber wohin mit den Händen?« Welche Alternativen gibt es für diese, was kann ich mit ihnen tun? Erinnern Sie sich an das Beispiel mit der Kellermaus, die zum Kampfzwerg wurde? Schritt für

Schritt. Auch ich erarbeitete mir mühsam eine Handlungsalternative. Immer wenn ich Gelüste auf eine Zigarette hatte, stand ich auf, ging ins Badezimmer und wusch mir die Hände. Analog in Restaurants. Wenn meine Freunde dieses Buch lesen, werden sie nun sicher lachen. Jetzt wisst ihr es! Es war gar keine Blasenentzündung, in Wahrheit war es die Ersatzhandlung.

Welche Situationen könnten Sie in Gefahr bringen? Wie sieht Ihre Ersatzhandlung aus? Benennen Sie die zwei wichtigsten schwierigen Situationen und nutzen Sie zwei der noch drei namenlosen Statisten. Benennen Sie möglichst genau, um welche Situationen es sich handelt und wie künftig Ihre Ersatzhandlung aussehen wird.

Damit das Karussell endlich vollständig ist, braucht es nur noch einen kleinen Schritt. Wahrscheinlich ist er aber der wichtigste. Der letzte Statist braucht noch seinen Namen: »Ich«. Beschriften Sie ihn bitte mit »Ich«. Hinter »Ich« finden sich alle Ihre bisher identifizierten inneren Bananenschalen wieder. Bitte beantworten Sie für diesen letzten Statisten alle oben genannten Fragen. Ehrlich. Sie wissen schon: Farbe bekennen ist ein wichtiger Erfolgsfaktor für Ihr Veränderungsvorhaben.

Für mein Dudelsackziel habe ich die Methode auch angewandt. Eine Situation habe ich dabei vollkommen unterschätzt. Die 120 Dezibel. Ich wusste, dass die Bagpipe extrem laut ist. Aber mit dieser Lautstärke habe ich doch nicht gerechnet. Ich hatte mir im Vorfeld zurechtgelegt, dass ich immer nachmittags eine halbe Stunde auf der Pipe übe. Dann sind die meisten Menschen wach beziehungsweise gar nicht zu Hause. Von wegen und so. Irgendwer ist immer da. Bis heute traue ich mich nur, die Pipe zu spielen, wenn definitiv niemand im Hause ist. Sonst übe ich lieber auf dem Practice Chanter.

Ich würde mich freuen, wenn Sie sich zum Schluss dieser Übung noch einmal etwas Zeit nehmen und eine Überprüfungsrunde durch Ihr Veränderungskarussell starten. Gehen Sie von Statist zu Statist. Sprechen Sie die notierten Antworten laut aus. Stimmig? Oder muss noch etwas geändert beziehungsweise angepasst werden? Nur zu! Sie müssen nicht wieder von vorne anfangen. Ergänzen und ändern ist immer erlaubt.

Es ist geschafft! Ich gratuliere! Sie sind Ihrem Veränderungswunsch viele Schritte näher gekommen, haben Ihr Ziel geklärt und mögliche Gefahrenquellen antizipiert. Bei manchem ging es eventuell schnell. Vielleicht, weil es sich um ein kleines Ziel handelte oder Sie sich über viele Dinge im Klaren waren.

Vielleicht mussten Sie aber auch ihr Ziel aufgrund der Karussellergebnisse modifizieren? Falls ja, dann ist es toll, dass das Karussell solche Erkenntnisse zutage gebracht hat. Nur ganz selten habe ich es bisher erlebt, dass ein Ziel tatsächlich aufgegeben werden musste und nur als schöner Traum weiterleben durfte. Nicht machbar. Auch das ist okay. Wenigstens muss man nicht hadern, denn das Ziel wurde auf Leib und Seele gecheckt. Manche Ziele sind wie Sterne. Unerreichbar, aber wunderschön anzusehen! Und immer wenn ich möchte, kann ich sie liebevoll betrachten und ein wenig träumen.

Gehen wir einfach davon aus, dass Sie Klarheit für Ihr Ziel erhalten haben und weiter auf dem Weg sind. Für die Recherche dieses Buches fragte ich übrigens eine befreundete Kollegin, ob es einen denkwürdigen Moment in der Zusammenarbeit mit mir gab. Einen denkwürdigen Moment, der ihr Klarheit über ihr Ziel und über mögliche Gefahrenquellen verschaffte. Ihre Antwort: »Ja! Damals, als du mit mir für meinen Beratungsfall das Auftragskarussell durchgeführt hast!«

Kapitel 5

U WIE UMSETZUNG.
WARUM JEDER SCHOTTISCHE CLAN
NUR EINEN WAHLSPRUCH KENNT.

»*Wem bin ich verantwortlich, außer mir selbst?*«

»*Ja, mach nur einen Plan, sei nur ein großes Licht!*
Und mach dann noch 'nen zweiten Plan, gehn tun
sie beide nicht.«

Während meiner Schulzeit empfand ich Lektüren von Bertolt Brecht eher als Zumutung und Qual. Meine damaligen Worte: »Eine absolute Unverschämtheit jedem Schüler gegenüber!« Im Laufe der letzten Jahre habe ich meine Meinung dazu geändert. Na ja, zumindest ein bisschen. Wahrscheinlich braucht es ein bestimmtes Reifestadium, um Brecht und seine Botschaften zu verstehen. Und selbst heute, wenn ich als Otto Normal Verbraucher denke: »Jetzt! Jetzt habe ich endlich verstanden, was Brecht mir sagen will!«, selbst dann erscheinen kurze Zeit später wieder große Fragezeichen auf meiner Stirn. Brecht gestaltete seine Bühnenstücke so, dass der Zuschauer zur aktiven Auseinandersetzung mit dem Inhalt angeregt wurde. Oder wie ich es sagen würde: Er wollte denkwürdige Momente schaffen, damit die Menschen sich auf einer tieferen Verarbeitungsebene über die Missstände in der Gesellschaft befassten. In seinen Bühnenstücken kam es vor, dass die Schauspieler plötzlich unterbrachen und sich mit Kommentaren an die Zuschauer wandten. Ziel dieser Einbeziehung in das Bühnengeschehen war es, die Menschen im Publikum aus ihrer passiven Haltung herauszulösen.

Eigentlich mache ich in meinem Job genau dasselbe. Mit meiner Denk- und Sprachhaltung möchte ich Kunden und Klienten dazu bringen, auf andere Art und Weise über ihr Veränderungsvorhaben nachzudenken. Durch neue Perspektiven eine andere Sicht auf das eigene Anliegen zu bekommen und sich dadurch neue Möglichkeiten zu eröffnen, um in Bewegung zu kommen. Nun gut, manchmal geht es mir ähnlich wie Brecht. Mein Gegenüber versteht meine Art, zu fragen, nicht oder nur schwer. Gott sei Dank kommt das eher selten vor. Wer meiner Art, Fragen zu stellen, folgen kann, kommt unweigerlich ins Nachdenken. Und das wiederum erhöht die Wahrscheinlichkeit für den Veränderungserfolg.

Das Zitat mit dem Plan stammt übrigens aus Brechts *Dreigroschenoper*. Genauer gesagt aus dem »Lied von der Unzulänglichkeit des menschlichen Strebens«. In jeder Strophe des Liedes wird dem Menschen ein guter Rat gegeben, nur um einen Satz später erklärt zu bekommen, dass dieser Rat nicht zum Ziel führen wird. Im Refrain erfolgt jeweils die Begründung, warum der Rat erfolglos sein wird. Die Ausnahme ist die letzte Strophe. Dort wird empfohlen, dem Menschen eines »auf die Mütze« zu geben, damit er sich zum Guten verändert.

Bitte verstehen Sie mich nicht falsch. Ich lehne selbstverständlich jede Form von Gewalt ab. Oft habe ich aber in meinen Beratungsgesprächen das Gefühl: »Am liebsten würde ich den oder die jetzt wachrütteln!« Manchmal benenne ich das genau so: »Auf einer Skala von 0 bis 10 – wie stark müsste ich Sie eigentlich schütteln, damit Sie endlich in Bewegung kommen?« Die Dringlichkeit wird innerlich gespürt, die Ziele sind klar, alle wesentlichen Bananenschalen identifiziert, und trotzdem geht die Person nicht los. Keine Umsetzung. Würde ein Plan helfen? Ich persönlich bin skeptisch. Es kommt darauf an, wie Sie ticken. Ich bin schon vielen Menschen begegnet, die permanent Umsetzungspläne für ihr Vorhaben gemacht haben, aber durch diese Tätigkeit nie ins Tun selber kamen. So stellt sich die Frage, wofür dieser Planerstellungsnebel steht. Um was es wirklich geht, wenn sich dieser Nebel lichten würde.

Andere Kunden wiederum haben für sich einen detaillierten Plan erstellt und sind damit gut in die Veränderung gekommen. Plötzlich passiert etwas Unvorhergesehenes, was sie aus der Bahn wirft, und der ganze Plan fällt wie ein Kartenhäuschen in sich zusammen. Solche Menschen wieder für ihr Veränderungsvorhaben zu motivieren, ist oft mühsamer, als sie beim ersten Mal in Bewegung zu bringen.

Sie spüren, ich bin kein Fan von Plänen. Und schon gar nicht von detaillierten Plänen. »Kein Plan überlebt den Kontakt mit der Realität«, und deshalb empfehle ich Ihnen, sich für Ihr Veränderungsvorhaben lediglich einige wenige Leitplanken zu notieren, flexibel zu sein und zu bleiben. Das schenkt Gelassenheit, und Gelassenheit ist eine großartige und vor allem attraktive Begleiterin in Veränderungsprozessen. Denken Sie nur an das Hosenexperiment. Daran, welche Kraft und Energie erforderlich sind, um sein Verhalten zu verändern. Um nicht ins Stolpern zu geraten und sich im Eifer des ungewohnten Bewegungsgefechts der Hosenladen plötzlich hinten befindet. Mit Freude und Gelassenheit gelingt dieses Experiment besser. Auch Brechts Fazit aus seinem »Lied von der Unzulänglichkeit des menschlichen Strebens« lautet: Der Mensch ist ein Gewohnheitstier und Veränderung so schwer! Neues Verhalten ist ungewohnt, es braucht Erinnerungsanker und Zeit, um von einer Gewohnheit in die nächste zu kommen. Der größte Feind der Veränderung ist die Gewohnheit – und der größte Freund der Veränderung ist die neue Gewohnheit! Es dauert circa drei bis sechs Monate, bis eine neue Gewohnheit entstanden ist und man einigermaßen sagen kann: »So kann es bleiben, so habe ich es gewollt!«

Veränderung = D · Z · U. Drei kleine Buchstaben stehen für eine komplexe Angelegenheit. Sie spüren die Dringlichkeit für Ihren Veränderungswunsch; Sie haben die Ziele für sich hinsichtlich aller Gefahrenquellen geklärt, und nun müssen Sie sie nur noch umsetzen. Eigentlich. Vielleicht sind Sie so motiviert, dass Sie direkt in die Umsetzung kommen. Sogar schon längst drin sind. Ich fände das großartig und freue mich riesig für Sie. Ich weiß aber auch, dass es vielen so geht, dass irgendetwas Unsichtbares sie zurückhält. Sie nicht in Bewegung, nicht ins Tun kommen.

Die größten Fehler zu Beginn ... reine Kopfsache
Ein Dudelsack sollte niemals auf eBay gekauft werden. Dort handelt es sich meistens um billige und zudem schlechte Anfertigungen, die oft nicht spielbar sind. Frustration garantiert! Viele versuchen zudem, sich das Spiel des Dudelsacks selbst beizubringen, um das Geld für einen Bagpipe-Lehrer zu sparen. Das muss nicht unbedingt schiefgehen, tut es aber in den aller-

meisten Fällen. Einmal falsch gelernte Bewegungsabläufe bedeuten in letzter Konsequenz intensive Mehrarbeit, bis die Fehler wieder draußen sind. So klingen Töne allein schon aufgrund einer kopfmäßigen Bewegungsvorstellung anders, weil sich der Tonus mit den Gedanken verändert. Bagpiper stellen sich gedanklich beim Spielen vor, dass bei einer bestimmten Verzierung der Finger vor und zurück und nicht zurück und dann vor geht.

**Der Hüter der Schwelle.
Wenn nicht jetzt, wann dann?**

Warum verharren Menschen in ihrer Position, obwohl Dringlichkeit und Ziele geklärt sind und sie loslaufen könnten und es für sich auch gerne würden? Warum tun sie es nicht? Was hält sie zurück? Ich habe festgestellt, dass es vor allem die Menschen in der Mitte ihres Lebens und hier überwiegend Frauen sind, die nicht in die Veränderung kommen. Mehr noch: zögernd Schritte zurück machen, als ob sie von unsichtbarer Hand nach hinten gezogen werden. Ist es der Mut, der sie verlässt? *Dare Change* – mutiger Wandel. Das ist ein echt nettes YouTube-Filmchen, das ich gemeinsam mit meinen Kunden anschaue, wenn sie an diesem Punkt angekommen sind und nicht loslaufen, obwohl alles klar zu sein scheint. In Trainer- und Coachkreisen wird der Film ziemlich gerne benutzt und hat sich inzwischen als »das Symbol« schlechthin für eine Loslaufblockade entwickelt. Im Film werden unterschiedliche Frauen in verschiedenen herausfordernden Situationen gezeigt. Situationen, die sie gerne angehen würden, aber gleichzeitig die Tendenz zum Zurückweichen in sich verspüren. Wie schaffen sie es, aus dieser Dilemmasituation zu kommen? Ab einem Punkt scheinen sich alle ein Herz zu fassen und mutig zu sein. Den Mut zu haben, in festen, großen Schritten nach vorne zu gehen. Und so stürmt eine der Frauen, die einem Wolf gegenübersteht, nach ersten zurückweichenden Schritten mit voller Kraft auf ihn zu. Mutig. Ihre Angst überwindend. Und dann, wenn jeder erwartet, dass Wolf und Frau aufeinanderprallen, löst sich das Tier plötzlich im Nichts, in leichtem Nebel auf. Der sich im Bruchteil einer Sekunde verzieht.

Verantwortung übernehmen! Zu diesem Thema habe ich ein kleines Experiment gemacht, das von einem Kamerateam begleitet wurde. Ich wollte herausfinden, wie Menschen reagieren, wenn ich ihnen die Verantwortung übergebe. Auf eine große und auf eine kleine Papiertüte schrieb ich jeweils das Wort »Verantwortung« und zog mit den leeren Tüten los, um sie symbolisch an die Menschen zu übergeben, die mir auf meinem Weg begegneten. Ergebnis: Nur die Hälfte der Menschen nahm mir die Verantwortungstüte ab. Die anderen winkten vorher abweisend ab beziehungsweise verwiesen mit den Fingern auf nachfolgende Passanten. Bei denjenigen, die eine Verantwortungstüte annahmen, handelte es sich fast ausschließlich um Frauen. Spannend: Sie nahmen die große Verantwortungstüte und schauten nicht einmal hinein, um im Vorfeld zu checken, für was sie die Verantwortung übernahmen. Genauso nehme ich übrigens meine Kundinnen wahr. Sie übernehmen in der Regel gerne und schnell die Verantwortung. Meistens für andere beziehungsweise bestimmte Situationen und nur ganz mühsam für sich selbst. Von den Männern, die die Verantwortung entgegennahmen,

nahmen alle bis auf einen die kleine Tüte. Mancher hatte sogar zuerst angetäuscht: »Ich nehme die große ... Ne, ne! Quatsch. Im Ernst ... lieber die kleine!«

Das Verantwortungskonzept ist ziemlich komplex, deswegen möchte ich an dieser Stelle zwei für mich bedeutsame Aspekte herausgreifen. Zum einen die Herkunft des Wortes »verantworten«. Es lässt sich zum ersten Mal im zwölften Jahrhundert finden. Und zwar in der ursprünglichen Bedeutung »sich als Angeklagter vor Gericht verteidigen – eine Antwort geben«. Persönlich favorisiere ich den englischen Begriff »Responsibility«. Die Fähigkeit, eine Antwort zu geben. Wie sieht es bei Ihnen aus? Sind Sie dazu fähig, sich selbst eine Antwort zu geben, warum Sie nicht in die Veränderung gehen?

Und dann gibt es noch einen zweiten Aspekt. Wenn man die Komplexität des Verantwortungskonzeptes auf einen Satz bringen muss, bleibt eine relativ einfache Trias übrig: Jemand (eine Person) ist für jemanden (einen Bereich) vor jemandem (einer Instanz) verantwortlich. Ein klärender Satz für viele meiner Kunden, denn ihr Fazit lautet: »Es gibt keine höhere Instanz, der ich für mein persönliches Ziel berichten muss.« Wenn ich eine solche oder ähnliche Aussage vernehme, führe ich eine Art Hilfsinstanz ein. Manchem tut es gut, wenn diese Hilfsinstanz Freunde oder sogar Kollegen sind, denen sie sich mit einem »Ich habe mir vorgenommen, dass ...« anvertrauen. Bei den meisten aber handelt es sich bei der Hilfsinstanz um sie selbst. Auf dem Totenbett, kurz bevor sie sterben. Sie ahnen, welche Frage kommt: »Was würdest du bereuen, nicht getan zu haben, wenn du heute sterben würdest?« Vor wem werden Sie sich »ver–antworten«?

Der Hüter der Schwelle.

Sicherlich ist mein Experiment alles andere als repräsentativ, aber es ist ein guter Aufhänger, mit Menschen ins Gespräch zu kommen, was sie bräuchten, um sich in Bewegung zu setzen. Fast alle berichten mir, dass sie das Gefühl haben, dass irgendwer oder irgendwas unsichtbar vor ihnen steht. Ich nenne dieses unsichtbare Etwas den »Hüter der Schwelle«. Dieser hat ausschließlich die Aufgabe, Menschen davon abzuhalten, sich in Bewegung zu setzen und die Dinge anders als üblich anzugehen.

Eines Tages wurde ich von einer großen Stadtverwaltung im Ruhrgebiet beauftragt, einen Workshop für die Führungskräfte zum Thema »Veränderungsprozesse psychologisch gestalten« durchzuführen. Sicher können Sie sich denken, dass ich mit großer Freude in meine ehemalige Wahlheimat gefahren bin. »So kann es sein, so soll es bleiben.« Mehr als 20 Führungskräfte der oberen Hierarchiestufen nahmen am Workshop teil. Der Workshop gestaltete sich erstaunlich offen für eine Verwaltung, in der meiner Erfahrung nach die Mitarbeiter sich deutlich mehr als in anderen Organisationen taktisch-diplomatisch-politisch bewegen müssen. Eine Führungskraft war sehr still und zurückhaltend. Kurz angebunden fragte sie hier und da nach. In meinen Workshops gibt es keine Beamerpräsentation. Ich befähige die Teilnehmer in Sachen D · Z · U sowie für unbewusste und bewusste Kompetenzprozesse. Mehr nicht. Ich arbeite lieber direkt an konkreten Situationen, die die Teilnehmer aktuell beschäftigen, und ermögliche dadurch einen höchst wirksamen Nutzen. Nach und nach brachte jede Führungskraft ihre Situation und Herausforderung ein. Lösungen wurden gefunden. Zur Arbeitssituation der kurz angebundenen Führungskraft führte ich eine Aufstellung durch. Um was geht es? Um was geht es wirklich? Und wie könnte eine akzeptierte Lösung aussehen? Das Ergebnis: Eigentlich müsste sie endlich mutig sein und den Hüter der Schwelle wegkicken. Auch wenn sich dadurch jemand auf der Hierarchiestufe weiter oben mächtig ans Bein gepinkelt fühlen könnte. Während des Workshops dachte ich: »Der kann mit mir und meiner Art, zu fragen und die Dinge zu sehen, nichts anfangen. Sicherlich kommt er nicht mehr zum zweiten Teil des Workshops in drei Wochen.« Mächtig geirrt, Tanja! Eine Woche später erhielt ich eine E-Mail von ihm mit einem wunderschönen Gedicht zum Hüter der Schwelle.

> Ziel: Unter anderem Wegräumen
> Und raus aus den Träumen
> Und zwar den Hüter der Schwelle
> Das hinterließ eine Delle
> Denn mitunter war es bequem
> Nichtgehen war angenehm
> Nun ist »er« weg
> Und ganz ohne Schreck
> Aber mitunter beschwerlich (die Delle)
> Zuständig (!) und tauglich
> Werde ich die Delle
> Die in der Schwelle
> Zum Abstützen verwenden
> Wenn ich auf Händen
> Versuche die Hose morgendlich
> Und nicht nur versehentlich
> Anzuziehen mit dem Beine
> Dem jeweils anderen und alleine!

Zwar hatte er den Hüter der Schwelle für seine Arbeitssituation nicht wegkicken können. Zu groß war der Respekt vor möglichen Konsequenzen. Aber er hatte sich privat entschieden, endlich sein aufwendiges Ehrenamt aufzugeben, und so erfuhr er allein dadurch eine extreme Entlastung. Wie war das noch mal? Manche Dinge müssen privat geklärt werden, damit es beruflich weitergehen kann? Den Hüter der Schwelle gibt es auf jeden Fall in beiden Bereichen, und in Ihrer Verantwortung liegt es, diesen kleinen Kerl aus dem Weg zu räumen. Bei niemand anderem als bei Ihnen! Haben Sie den Mut, sich dafür zu entscheiden, mutig zu sein!

Mein Unternehmensmotto lautet übrigens: »Sie sind nicht nur verantwortlich für das, was Sie tun, sondern auch für das, was Sie nicht tun!« Die einen sagen, dieser Spruch stammt von Laotse, die anderen meinen, es war Molière. Ehrlich gesagt? Mir persönlich ist das Jacke wie Hose. Hauptsache die Botschaft schenkt Ihnen einen weiteren denkwürdigen Moment, und zwar den, der Sie in Bewegung bringt.

In Sachen Dudelsack gab es für mich keinen Hüter der Schwelle, den ich aus dem Weg hätte räumen müssen. Ich hatte sorgfältig recherchiert, bei wem ich qualifizierten Unterricht nehmen könnte, und stieß dabei auf die Dudelsack-Akademie in Hofheim. Der Gründer und Inhaber war der erste Festlandeuropäer, der den Dudelsack in Schottland studierte und sein Studium erfolgreich mit dem »Bachelor of Scottish Music/Piping Degree« abschloss. Keinen Geringeren als ihn wollte ich zum Lehrer haben. Ich habe nicht lange gefackelt und ihn angeschrieben. Fazit: Wer erst einmal Kontakt aufgenommen hat, ist schon in Bewegung und hält nicht mehr an. Auch wenn man dann nicht den »Chef« zum Lehrer bekommt, sondern einen der insgesamt vier Dudelsacklehrer. Und ganz ehrlich: großartige Wahl! Genau der richtige für mich! Sein Leitspruch: »There are no short ways!«

An welcher Stelle sich für mich der Hüter der Schwelle in aller Deutlichkeit zeigte, war am Ende des Schreibens dieses Buches. Beim Surfen im Internet stieß ich zufällig auf die Kritik über ein Buch von einem wirklich guten Coach. Einige fanden das Buch gut, andere zerrissen es förmlich in der Luft. »Nichts Neues! Eine Selbstdarstellung nach der anderen, et cetera.« Mir tat er echt leid, weil ich ihn persönlich kannte und um seine Qualität wusste. In der Tat brachte es mich dazu, kurz vor Fertigstellung des Manuskripts nachzudenken, ob ich selbiges tatsächlich abgeben sollte. Sie kennen ja inzwischen mein Streben nach Anerkennung und Respekt. Der Mut verließ mich. Schließlich ist es gut möglich, dass mir Ähnliches widerfahren und mein Buch zerrissen wird. Was hat mich trotzdem dazu gebracht, meinen Hüter der Schwelle wegzukicken und das Buchprojekt auf den Weg zu bringen? Ich verrate es Ihnen: Schelmisch blinzelten meine Herkunft und mein Vater ums Eck. »Glänze, Tanja! Nimm dir die Bühne und du wirst leckere Äpfel erhalten! Und aus den fauligen machst du dann einfach Apfelmost!« Und meine Mutter rief mir zu: »Go, Tanja, go!«

Bereit sein, Abschied nehmen und von der Überwindung kosten.

Jeder schottische Clan hat einen Wahlspruch
Der des Clans Fraser of Lovat lautet: »Je suis prest.«
Ich bin bereit!

Vielleicht gelingt es Ihnen, in Bewegung zu kommen, indem Sie sich bewusst dem alten Zustand zuwenden und dankbar von ihm Abschied nehmen. Egal, was es ist, ob Arbeitgeber, Lebenspartner, Lebensabschnitt, Übergewicht oder gar die alte Gewohnheit selbst. Wenden Sie sich gedanklich dem zu, was Sie zurücklassen werden, und danken Sie. Es gab eine Zeit, da hatte alles seinen Sinn. Sagen Sie dann laut folgende vier Worte: »Ich bin bereit, loszulassen!« Und dann drehen Sie sich um und gehen in die Veränderung. In Ihre Veränderung.

Wenn es Ihnen dann immer noch nicht gelingen sollte, den Hüter der Schwelle aus dem Weg zu räumen, versuchen Sie bitte die So-tun-als-ob-Strategie. Tun Sie einfach so, als ob Sie Ihr Veränderungsvorhaben lediglich für kurze Zeit ausprobieren, quasi einen Urlaub oder Auszeit vom Alltag bei ihm buchen. Für eine Stunde, ein paar Tage oder gar eine Woche. Nehmen Sie eine Kostprobe, wie sich das Neue anfühlt. »Überwindungskosten« nenne ich es im doppeldeutigen Sinne.

(1) Was kostet Sie die Überwindung? Sprich: Welche Kraft und Energie müssen Sie dazu aufbringen, um sich zu überwinden?
(2) Was erwartet Sie auf der anderen Seite? Was können Sie kosten, wenn Sie sich erst mal überwunden haben?

Warten Sie bitte nicht auf ein magisches Datum wie Silvester, Montag und Co. Magische Daten funktionieren nicht. Beginnen Sie jetzt und haben Sie mit großer, diebischer Lust Ihren persönlichen Zollstock vor Augen.

Es ist noch gar nicht so lange her, dass ich über ein halbes Jahr ein anderes Unternehmen aus der Automobilzulieferbranche begleitete. Meine Aufgabe bestand im Aufbau funktionierender Personalstrukturen inklusive einer handhabbaren, zukunftsorientierten Personalentwicklung. In einem Familienunternehmen mit schnellem Wachstum wurde Personalarbeit noch mehr oder weniger händisch gemacht – die Mitarbeiter wurden über Excel-Tabellen verwaltet. Von gezielter Weiterentwicklung des Personals keine Spur – wie in so vielen Familienunternehmen.

Das Erste, was auf den Weg gebracht wurde, war die Einstellung einer Personalverantwortlichen. Schnell weg vom Verantwortungsbereich der Geschäftsführung. Wir suchten jemanden, der das operative Handwerk verstand und zudem Herz und Verstand für die Entwicklung der Mitarbeiter haben sollte. Keine Ahnung, ob es Schicksal oder einfach nur schnöder Zufall war. In einem Konkurrenzunternehmen gab es eine Personalerin, die auf der Suche nach einer neuen Herausforderung war. Man wurde sich schnell einig. Kein Schnick-Schnack-Schnuck notwendig. Ich mochte die junge Frau sehr. Durch ihre erfrischend lebensbejahende Art war sie genau die Richtige als mein interner Sparringspartner für die herausfordernde Aufgabe. Wir wussten, dass uns durchaus kräftezehrende, heikle Zeiten bevorstanden. Schwieriges Fahrwasser. Ihr erster Tag rückte näher. Ich fragte sie, wie sie ins Unternehmen kommen würde. Ihre Antwort: »Mit dem Auto. Das kennt den Weg. Es ist nur ein Gebäude weiter!« Ich: »Eben darum!« Sie: »???« »Ich würde dich gerne am ersten

Tag abholen und wir fahren den Weg gemeinsam, um ihm eine neue Bedeutung zu geben«, sagte ich zu ihr. Wahrscheinlich hielt sie mich zu diesem Zeitpunkt für total übersensibel. Wie war das? Psychologen scheinen alle einen an der Klatsche zu haben, gell? Aber sie ließ sich darauf ein. Sie hatte ja keine wirkliche Wahl, ich bestand darauf.

Um 7.45 Uhr stand ich an ihrem ersten Arbeitstag vor ihrer Haustür. Gemeinsam stiegen wir in ihren kleinen roten Flitzer und fuhren los. Sie am Steuer, ich auf dem Beifahrersitz. »Erzähl mir, was in dir vorgeht! An welcher Stelle denkst du an welche Person deines ehemaligen Arbeitgebers?« Während sie fuhr, berichtete sie von der Chefin des Unternehmens, die ihr vor allem in den letzten Wochen das Leben zur Hölle gemacht und ihr wahres Gesicht gezeigt hatte. Wir mussten an einem Bahnübergang anhalten, weil die Schranken geschlossen waren. Ich sagte zu ihr: »Setze diese Frau in Gedanken in den Zug, der gleich vorbeikommt, und schicke sie auf die Reise! Auf eine lange Reise … und wenn du magst, dann winke ihr hinterher.« Wir lachten miteinander. Nein, ich hatte den Zug nicht vorsätzlich bestellt. Das war Zufall, oder vielleicht doch Schicksal?

Die Schranken öffneten sich und wir fuhren weiter. Wir sprachen über dies und das, und so kamen wir auf einen Arbeitskollegen, der sie permanent abgewertet hatte. Ganz nach dem Motto »Sie haben den Job hier nur, weil Sie hübsch sind und Ihr Mann in entsprechend exponierter Stellung ist«. Wir hielten am Straßenrand an und sie zerriss symbolisch für solche Rollenkränkungen einen Flyer in tausend Stücke. Abschied nehmen auf aggressive, aber befreiende Art. Liebes Straßenordnungsteam und liebe Umweltschützer: »Die Papierschnipsel, das waren wir. Es tut uns leid, aber wir würden es immer wieder machen!« Wir fuhren weiter und klärten für sie unterwegs noch einige andere Dinge. Kilometer um Kilometer näherten wir uns dem Ziel – ihrer neuen Arbeitsstelle. Ich bat sie, darauf zu achten, ab wann sie innerlich eine körperliche Reaktion spüren würde. Kurz vor dem Ziel sagte sie: »Jetzt! Jetzt fängt mein Herz wie wild an zu pochen und ich halte Ausschau, ob ich in den Autos eventuell jemanden sehe, den ich kenne.« Zum Ende der Fahrt erreichten wir einen Kreisverkehr: erste Ausfahrt neuer Arbeitgeber, zweite Ausfahrt alter Arbeitgeber. Kaum mehr als 250 Meter voneinander getrennt. Ich bat sie, in den Kreisverkehr zu fahren und mit mir dort ein paar Runden zu drehen. Es war schon total witzig, wie wir mit ihrer roten Gefahr eine Runde nach der anderen drehten. Wir lachten, winkten dem ehemaligen Arbeitgeber zu und dankten ihm von Herzen für die Möglichkeit, die er uns geschaffen hat. Auch wenn es sich paradox anhört. Erst die Unfähigkeit dieses Unternehmens ermöglichte den Wechsel.

Übrigens: Meine Erzählung hört sich bestimmt an, als ob der Anreiseweg weit über 100 Kilometer betrug. In Wirklichkeit waren es 20; diese haben wir intensiv genutzt. Wie bei Beratern oft üblich, endet ein Vertrag irgendwann einmal. Das Unternehmen läuft alleine weiter. Es gibt zwar noch ein paar Nachsorgegespräche und hier und da noch andere Berührungspunkte, aber die Zeit der intensiven Zusammenarbeit ist passé. Als ich eines Tages wieder Kontakt mit dieser Personalleiterin hatte, fragte ich sie, welche Situationen in unserer Zusammenarbeit ihr denkwürdige Momente verschafft hatten. »Vor allem sind es deine Art, Dinge anzusprechen, und die damit verbundene Leichtigkeit, die du durch deine Ehrlichkeit und Offenheit in schwierigen Gesprächen und Situationen hereingebracht hast. ... und dann wäre da noch die Autofahrt, von der ich zuvor gedacht habe: Die Frau ist plemplem!«

Tun! Gut Ding hat Weile ...

Die Geschichte des Dudelsacks
Wer glaubt, dass der Dudelsack eine schottische Erfindung sei, irrt sich gewaltig. Tatsächlich gehört der Dudelsack zu den ältesten Holzblasinstrumenten und lässt sich in seiner frühesten Form bereits im Altertum nachweisen. Der genaue Ursprung ist umstritten, aber circa 1000 Jahre vor Christus spielten bereits die Griechen und die Römer auf ähnlichen Instrumenten. Der Dudelsack in seiner ursprünglichen Form wurde während der römischen Feldzüge über Europa verteilt. Dort entwickelte er sich je nach Land unterschiedlich weiter. Zum Beispiel im deutschsprachigen Bereich das sogenannte Hümmelchen, eine leise Sackpfeife der Renaissance. Oder aber die Gaita im nordafrikanischen beziehungsweise südeuropäischen Raum. Während in den meisten Teilen Europas Ende des 17. Jahrhunderts die Beachtung des Dudelsacks verschwand, blühte sie in Schottland weiter auf. Bis zum 15. Jahrhundert wurde die Pipe in ihrer ursprünglichen Form mit einer Drone gespielt. Eine zweite kam hinzu, und ab dem Ende des 16. Jahrhunderts gab es die Great Highland Bagpipe, wie wir sie heute kennen: mit drei Drones. Ein vorläufiges Ende der Dudelsackentwicklung in Schottland brachte die verlorene Schlacht von Culloden im Jahre 1746 mit sich. Mit dem sogenannten Disarming Act – dem Entwaffnungsgesetz – wurde für über 35 Jahre

unter anderem das Tragen der traditionellen Highland-Bekleidung verboten. Es durften keine Kilts und Plaids getragen, geschweige denn Tartans für Taschen, Umhänge und Jacken genutzt werden. Ein Mythos hingegen ist, dass mit dem Disarming Act auch das Spiel des Dudelsacks verboten wurde. Es wurde lediglich bei einer Gerichtsverhandlung über einen aufständischen Piper ein Bezug zum Dudelsack als Kriegswaffe hergestellt: »Kein Regiment marschiert ohne Instrumente wie Trommeln und Trompeten; und ein schottisches Regiment marschiert nicht ohne Dudelsack. Aus diesem Grund sieht das Gesetz einen Dudelsack als Kriegsgerät an.« Und so wurde der Piper verurteilt, nicht aber das Dudelsackspielen selbst verboten. Allerdings entstand dadurch das Verbot in den Köpfen der Menschen und es wurde dann auch so gelebt. Fast überall trat in Europa die Sackpfeife ab dem 18. Jahrhundert in den Hintergrund. Grund dafür war das sich wandelnde Musikempfinden des aufgeklärten Bürgertums. Sie verachteten das Instrument. Nur ungebildete, hinterwäldlerische Landbewohner hörten und spielten Sackpfeife. Am längsten hielt sich die Sackpfeife in abgelegenen Regionen, die spät von Errungenschaften der Zivilisation erreicht wurden. Hierzu gehörten unter anderem auch die Mittelgebirge Süddeutschlands, der Schwarzwald sowie die Schwäbische Alb. Ausgenommen von dieser Entwicklung war Schottland. Der schottische Dudelsack wurde dort nach und nach ein Symbol der Nation und fand deswegen über alle Schichten hinweg eine breite Akzeptanz.

Kurz habe ich in Erwägung gezogen, unter der Überschrift »Tun!« nur drei Punkte – versehen mit einem dicken, fetten Ausrufezeichen – zu schreiben: …! Was bei Ihnen vielleicht als Appell angekommen wäre, ist jedoch in Wahrheit eine Verhaltensweise von mir, an der ich schon lange arbeite, um sie zu ändern. Manche Prozesse bringe ich einfach nicht ordentlich zu Ende. Egal, um was es sich handelt. Beruflich und privat. Bei ungefähr 95 Prozent Erfüllungsgrad hebt sich ganz automatisch mein Kopf, schaut in die Zukunft und flirtet mit dem nächsten Projekt. Getriebene im Ort, Getriebene im Geist.

Leider habe ich bis heute noch keinen Zugang gefunden, wie ich diese Verhaltenstendenz nachhaltig ändern könnte. Es ist jedes Mal aufs Neue wieder ein Kampf gegen mich selbst. Ich muss mich regelrecht zwingen, Aufgaben sauber zu Ende zu bringen. Was mir hilft, ist eine Art Checkliste, für deren Erstellung ich mir gegen Ende solcher Projekte ganz bewusst zehn Minuten Zeit nehme. Fast möchte ich sagen, dass es sogar eine Art Miniplan ist. Denn tatsächlich sind es mehr als nur ein paar Leitplanken. Was muss ich bis wann noch erledigen? Vor jeder Aufgabe male ich ein klitzekleines Quadrat. Wer mich einmal in dieser Phase beobachtet hat, weiß, dass ich in jedes Quadrat einen kleinen Haken male, sobald die Aufgabe erledigt ist. Und erst wenn das letzte Häkchen gesetzt ist, weiß ich: Nun hast du es wirklich gut zu Ende gebracht. Dieses Vorgehen verschafft mir den Überblick und gibt mir auf dem Zeitstrahl echte Orientierung über die noch zu erledigenden Restaufgaben. Es zwingt mich, dass ich nichts Wesentliches vergesse. Und genau das hat sich in meiner Arbeit als absolutes Plus in meiner Kundenorientierung erwiesen. Ich vergesse nichts. Na ja, nur sehr selten. Und wenn ich etwas vergessen habe, liegt es daran, dass ich mich einfach nicht zu einer Schluss-Checkliste habe überreden können oder ich schlicht und einfach schon zu weit im nächsten Projekt stecke.

In die Gewohnheit kommen
Jeder Dudelsackspieler besitzt ein Metronom. Die ersten Schritte geht man noch ohne den Taktgeber, um sich mit dem Instrument vertraut zu machen. Relativ zügig kommt das Metronom dazu. Es erleichtert dem Musiker, in den Takt zu finden und ihn zu halten. Nicht nur Anfänger, sondern auch Profis üben damit ihre Stücke.

Um alte Gewohnheiten abzulegen beziehungsweise zu ändern, braucht es Übung und Zeit. Im Schnitt 66 Tage. Die Psychologin Phillippa Lally vom University College in London wollte herausfinden, wie schnell sich ein Mensch an etwas Neues gewöhnt. Knapp 100 Teilnehmer im Durchschnittsalter von 27 Jahren sollten sich in einem Zeitraum von 84 Tagen eine neue, gesunde Routine aneignen. Wohlgemerkt: nur eine einzige. Nicht zwei, nicht drei, nicht vier. Sondern nur eine. Entweder sollten sie jeden Tag einen 15-minütigen Spaziergang oder morgens 50 Situps absolvieren. Auch der Verzehr von Obst beziehungsweise Gemüse anstelle einer Süßigkeit war eine der Möglichkeiten für die Probanden. Jeden Tag mussten die Teilnehmer ihre Fortschritte aufschreiben. Gleichzeitig mussten sie angeben, ob für sie die Tätigkeit ein bewusster Prozess war oder das neue Verhalten bereits automatisch ablief. Das Ergebnis: Es braucht 66 Tage, um sich aus der Umklammerung des Vertrauten zu lösen und in eine neue Gewohnheit zu kommen; von der bewussten in die unbewusste Kompetenz. In eine Routine, in einen

Automatismus. Für komplexe Gewohnheiten wie zum Beispiel Dudelsackspielen braucht es circa das 1,5-Fache mehr an Zeit. Na, das erklärt einiges.

Rückfall in alte Gewohnheiten.

Instandhalten – die Wartung und Pflege eines Dudelsacks

Damit die Great Highland Bagpipe immer gut spielbar bleibt, ist eine regelmäßige Wartung und Pflege unumgänglich. Viel Aufwand muss nicht betrieben werden. Der Dudelsack muss nicht aufwendig irgendwohin eingeschickt werden, sondern jeder Piper beschäftigt sich selbst liebevoll mit seiner Pipe. Da die Oberfläche des Dudelsacks nicht wetterfest ist, sollte auf das Spielen im Freien, wenn es regnet, verzichtet werden. Eine echte Herausforderung für Schottland. Insgesamt will der Dudelsack gespielt werden, um in Schuss zu bleiben. Ein nicht gespielter Dudelsack trocknet aus und wird undicht. Um einer möglichen Pilzkultur im Sack vorzubeugen, sollte man diesen nach einem längeren Spiel gut belüften. Dazu zieht man am besten auch das Anblasrohr aus seiner Vorrichtung. Die Holzoberflächen sollten nach Bedarf regelmäßig geölt werden. So schützt man sie vor Feuchtigkeit. Wer einen Sack aus Leder hat, sollte ihn mindestens einmal im Jahr mit frischem Dichtungsmittel abdichten. Diese Dichtmittel beinhalten oftmals pilzhemmende Inhaltsstoffe. Es empfiehlt sich, vor jedem Spiel die Wicklungen der Steckverbindungen zu überprüfen und gegebenenfalls nachzuarbeiten beziehungsweise zu ersetzen.

»Der größte Feind der Veränderung ist die Gewohnheit. Der größte Freund der Veränderung ist die neue Gewohnheit.« Ich kann es nicht oft genug wiederholen. Wenn wir entscheiden, uns zu verändern, ist unsere Erwartungshaltung, dass – wenn wir es erst einmal geschafft haben und in der neuen Gewohnheit sind – alles reibungslos funktioniert. Ich kann Ihnen nur zurufen: »Seien Sie gelassen, wenn es zu einem Rückfall kommt. Auch wenn Sie einen solchen als mögliche Bananenschale im Vorfeld Ihres Vorhabens identifiziert haben!«

Ein Rückfall wäre nur schlimm, wenn sie ihn sich nicht eingestehen und entsprechend darauf reagieren würden. Verurteilen Sie sich nicht dafür! Vielleicht gab es eine Krise? Oder ein Arbeitsaufkommen, das entsprechenden Stress mit sich gebracht hat? Und auch wenn nichts Besonderes vorgefallen ist – manchmal ist es eben so. Das alte Verhalten schleicht sich still und heimlich wieder ein und es dauert seine Zeit, bis Sie das wahrnehmen und realisieren, was da passiert ist.

Schauen Sie sich um, Sie sind bei einem Rückfall in bester Gesellschaft. Denken Sie nur an die Forsa-Umfrage und erinnern Sie sich, wie das beim Monopoly-Spiel war: »Gehe zurück auf Los, ziehe keine DM 4000 ein!« Soll ich Ihnen etwas verraten? Diesen Spruch gibt es bei Monopoly gar nicht. Er hat sich jedoch über die Jahre hinweg in den Köpfen der Menschen eingenistet. So können falsche Glaubenssätze entstehen. Tatsächlich steht auf der Ereigniskarte: »Rücke vor auf Los!«, und genau so sollten Sie einen Rückfall in alte Gewohnheiten verstehen. Sie müssen gar nicht mehr von vorne anfangen; und in den Keller der unbewussten Inkompetenz müssen Sie erst recht nicht. Sie wissen, wie gut sich das neue Verhalten anfühlt und Veränderung funktionieren kann. Und wer auf dem Los-

Feld steht, blickt nach vorne und kann und soll sich die Frage stellen: »Wozu ist dieser Rückfall passiert?« Und dann nehmen Sie das Spiel wieder selbst in die Hand und gehen Ihren Veränderungsweg. Alles gut! Kann vorkommen!

Ins Tun kommen – nicht immer handelt es sich nur um unschöne oder gar lästige Gewohnheiten, die man verändern möchte. Viele Menschen stehen in der Mitte ihres Lebens vor einer mächtigen Entscheidung. Weitermachen wie bisher oder eine Entscheidung mit großer Tragweite treffen? Ich möchte Ihnen von zwei dieser Entscheidungen berichten.

Erst am Anfang der Mitte ihres Lebens stand eine junge Frau aus dem Ruhrgebiet. Sie heulte Rotz und Wasser, als sie vor mir saß. Eine wunderschöne Frau – einem Engel gleich. Trotz verweintem Gesicht schaffte sie es, ein Lächeln hervorzuzaubern und über sich selbst in ihrem Unglück zu lachen. »Ich habe alles, was andere sich wahrscheinlich sehnsüchtig wünschen. Ich habe einen Mann, um den mich viele beneiden, ein schönes zuhause, einen großartigen Job, und finanziell geht es mir auch super! Aber … ich liebe ihn nicht mehr. Ich schätze ihn sehr, aber ich liebe ihn nicht mehr – es ist eher wie Freundschaft.« Wir sprachen über unterschiedliche Möglichkeiten, unter anderem auch über eine Paartherapie, die sie in Erwägung zog. Selbstverständlich nicht bei mir, für solche Maßnahmen gibt es Profis.

Von Anfang an hatte ich das Gefühl, alle angedachten Maßnahmen würden die eigentliche Entscheidung nur auf der Zeitachse nach hinten schieben. Ich nahm meinen Zollstock und ließ sie ihren Finger auf ihre Alterszahl legen. Er landete deutlich vor der Mitte ihres Lebens. »Wie lange wollen Sie Ihr jetziges Leben noch weiterleben?« »Gar nicht!« »Dann trennen Sie sich! Und schieben Sie es nicht auf die lange Bank!« Erschrocken schaute sie mich an. »Ich dachte, Sie raten mir jetzt, noch mal alles Mögliche zu versuchen?« »Warum sollte ich das, wenn ich sehe, dass Ihre Sehnsucht förmlich nach Veränderung schreit und Sie sich innerlich längst auf den Weg gemacht haben?« Meine Antwort schenkte ihr ein Lächeln. Und einen dicken Seufzer. »Sie haben recht!« Sie packte ihre gebrauchten Taschentücher in ihre schicke Handtasche, stand auf, strich mit ihren Händen ihren Hosenanzug glatt, erhob den Kopf und sagte mit einem Schmunzeln: »Na, dann mal los!« Eine Woche später verließ sie das gemeinsame Haus. Wenn ich heute im Ruhrgebiet bin, begegne ich ihr ab und zu. Eine wunderschöne Frau, die das Leben in vollen Zügen genießt. Und sich frei wie ein Engel fühlt.

Nicht einmal eine Stunde hat es gedauert, dass sie ins Tun gekommen ist. Fast zwei Jahre hingegen dauerte es bei einem anderen Kunden. »Frau Köhler, ich würde mich gerne mit Ihnen unterhalten.« Ich erinnere mich noch gut an seinen ersten Anruf. Gemeinsam mit seinem Bruder führte er in zweiter Generation die Geschäfte des eigenen mittelständischen Familienunternehmens. Es ging um die Einführung einer strategischen Personal- und Führungskräfteentwicklung. Jedoch nur auf den ersten Blick, was jedoch keinem zu Beginn unserer Geschäftsbeziehung bewusst war. Das wahre Anliegen kristallisierte sich erst über die Monate der Zusammenarbeit heraus: »Es geht darum, endlich in meinem Leben etwas alleine zu machen. ›Meins‹, und nicht das meiner Familie.« Er stand in der Mitte seines Lebens. 50. Okay, schon einen kleinen Tick darüber. Auch für mich war die Trennung der Brüder ein schwieriger, hochemotionaler Prozess. Höhen und Tiefen. Ich mochte beide sehr. Meine Aufgabe lautete ab einem bestimmten Zeitpunkt: »Unterstütze uns dabei, dass nicht zu viel in Scherben geht und wir uns auch weiterhin als Brüder und Familie begegnen können.«

Alle anderen Prozesse lagen in Händen von Wirtschaftsberatern und Anwälten. Heute kann ich aufatmen und stolz sagen, dass uns allen gemeinsam diese Mammutveränderungsaufgabe gelungen ist. Vielleicht denken Sie: »Na ja! Er hätte ja nur die Koffer packen und gehen können!« Aber es war nicht er, der ging, sondern der Bruder. Die Familie eines Familienunternehmens unterliegt anderen Einflüssen und unausgesprochenen Gesetzen wie die ihrige oder die meinige. Und diese Glaubenssätze und Regeln mussten wir uns mühsam nach und nach erarbeiten. »Ich will mich nicht mein gesamtes Leben mit jemandem abstimmen. Und erst recht nicht mehr mit ihm messen!« Der Blick auf den Zollstock brachte den Geschäftsführer ins Tun.

**Sie haben 72 Stunden Zeit!
Legen Sie los!**

Sich einspielen
Der Klang des schottischen Dudelsacks ist ziemlich witterungsanfällig. Er reagiert sensibel auf Temperatur und Luftfeuchtigkeit. Deswegen sollte er eingespielt werden, damit er sich nicht anhört wie ein Katzengejammer, wenn man richtig mit dem Spielen loslegt.

Genug gelesen. Sie sollten jetzt loslegen. Falls Sie nicht schon in Bewegung sind. Eine Faustregel besagt: Wenn Sie Ihren Veränderungswunsch nicht innerhalb von 72 Stunden aktiv angehen, geht die Wahrscheinlichkeit, dass nichts passiert, in Richtung 100 Prozent. Oder positiv formuliert: Wenn Sie jetzt Ihren Hintern bewegen und mit einigen wenigen ersten Schritten loslegen, klappt es auch! Und »Nein«, Sie brauchen Ihr Ziel nicht innerhalb dieser kurzen Zeit zu erreichen. Das ist vielleicht für ein Garagenaufräumprojekt möglich, aber bei den meisten Veränderungsvorhaben schon alleine im Sinne der SMART-Zielformulierung vollkommen unrealistisch.

Es geht darum, dass der erste Schritt der wichtigste ist, aber auch die meiste Energie benötigt. Deswegen sollte er zeitnah erfolgen. »Jede Reise beginnt mit einem ersten Schritt«, nicht nur die Schotten habe gute Zitate. Auch China hat einiges zu bieten. In meinen Workshops wird mir oft die Frage gestellt, ob es eine Möglichkeit gibt, die 72-Stunden-Regel außer Kraft zu setzen. »Nein, aber ich verrate Ihnen einen Trick! Sie müssen nur dafür sorgen, dass der Spannungsbogen aufrechterhalten wird!«

Weihnachten 2015 bekam ich eine Karte von einer Kundin, die ich mehr als zwei Jahre zuvor in einer Teamentwicklung begleiten durfte. Auch bei ihr ging es um die Blockade im privaten Bereich, die Einfluss auf ihre berufliche Entwicklung hatte. Das kam mehr als deutlich zum Vorschein. Sie wünschte mir frohe Weihnachten und teilte mir mit, dass sich bei ihr immer noch nichts geändert hätte. Aber: »Mir ist immer noch der Film mit der Frau und dem Wolf im Kopf, und solange ich alle zwei bis drei Tage an ihn denke oder sogar anschaue, weiß ich: Ich bin im Rahmen der 72-Stunden-Regel und habe dadurch großartige Chancen, eines Tages meinen Traum doch noch zu verwirklichen!«

Balance – das alles erfüllende Zauberwort beim Dudelsackspielen
Erst wenn alles am Instrument und beim Spieler in Balance ist, lässt es sich gut Dudelsack spielen.

Wie alt sind Sie?

Und welche Frage müsste ich Ihnen stellen, damit Sie sich in Bewegung setzen?

Jetzt.

Epilog
BILANZ ZIEHEN.

Veränderung = D · Z · U

Jedes Jahr am 1. Januar begebe ich mich auf eine Neujahrswanderung und denke über mich nach. Ich ganz alleine; nur mit mir selbst. Und während ich unterwegs bin, lasse ich mit jedem Schritt das vergangene Jahr hinter mir und kann meinen Blick auf und nach vorne richten. Okay, zu Beginn meiner Wanderung herrscht noch ziemliches Gedankenallerlei. Psychologen nennen das »ideenflüchtiges Denken«, wenn die Gedanken wirr im Kopf herumspringen und von Thema zu Thema hopsen. Meistens nutzen wir diesen Begriff im Zusammenhang mit psychiatrischen Erkrankungen. Ich persönlich finde aber, dass er auch gut auf normale Gemütszustände anwendbar ist. Jeder von uns kennt dieses Gedankenhopping. Der Kopf ist voll – zu voll – und es gelingt uns nicht, nur einen einzigen Gedanken vernünftig zu Ende zu denken. Wir hangeln uns von Gedankenzipfel zu Gedankenzipfel.

Mir persönlich hilft es, wenn ich mich nach draußen begebe. Walken oder wandern. Während ich laufe, werde ich klarer. Ruhiger. Es ist eine Art Selbstcoaching. So gelingt es mir von Kilometer zu Kilometer, unnötige Gedankenzipfel loszulassen und mich auf einige wenige Dinge zu fokussieren. Den Gedankennebel verdrängen und klar werden. Was will ich in diesem Jahr? Und was will ich wirklich? Warum – nein – lieber »wozu« will ich es? Was bedeutet es für mich und was brauche ich dafür?

Ich packe meinen Rucksack, ziehe meine Wanderschuhe an und gehe los. Ausgerüstet mit einem kleinen Block und einem Kugelschreiber. Mehr nicht. Ziel? Unbekannt! Ich lasse mich treiben und schaue, wo ich ankomme. Das steht zwar scheinbar im Gegensatz zum Zitat von Yogi Berra: »Wenn du nicht weißt, wohin du willst, kommst du ganz woanders an.« Aber nur scheinbar. Manchmal muss man loslaufen, um sich genau darüber klar zu werden, was man überhaupt möchte. Mir persönlich hilft diese Strategie, um heraus aus meinem Nebel zu kommen. Und das Schöne ist: Es gibt keinerlei inneren Druck, dass ich auf Teufel komm raus mit einem Ziel zurückkommen muss. Das, was passiert, ist das Einzige, was passieren kann. Und wissen Sie was? Ich bin noch immer irgendwo angekommen. Und war am Ende klar. Inzwischen nehme ich wegen schmerzhafter Erfahrungen allerdings immer ein Tapeband mit: Eine Wanderung zu mir selbst kann schon 20 Kilometer und mehr dauern.

Früher habe ich meine Neujahrszielewanderung übrigens immer als »Runde« gedreht und es so eingerichtet, dass ich am Schluss wieder bei mir zu Hause gelandet bin. An den gleichen Ort zurück. Keine Ahnung, ob das ein Omen war – aber nur wenige meiner Ziele habe ich dann auch tatsächlich umgesetzt.

Wie gesagt. Inzwischen starte ich, ohne zu wissen, wohin es gehen soll. Ich lasse mich treiben. Ich folge meinem Gefühl, nutze es und lasse mich später abholen. Die Metapher: Wenn ich mich in meinem Leben bewegen will, muss sich auch mein Umfeld mit bewegen. Sie können und sollen nicht den gesamten Weg mit mir gehen, aber an irgendeiner Stelle die Möglichkeit haben, daran andocken zu können. Die Fahrt zur Abholstelle schafft für sie die Möglichkeit, einen Teil meines Weges wahrzunehmen. Komplett nachvollziehen und verstehen funktioniert zwar so auch nicht, aber wenn jemand zu Hause sitzen bleibt und auf die Rückkehr wartet, erst recht nicht.

Ja, genau! Wenn meine Familie mich von meiner Wanderung abholt, geht es tatsächlich wieder nach Hause. Der Unterschied, der den Unterschied zur Variante »Runde drehen« macht: Alle waren unterwegs, in Bewegung. Ich teile meine ersten Gedanken mit ihnen und hole sie so zumindest einen bisschen mit an Bord. In dem Jahr, als ich begann, Dudelsack zu spielen, stand am Ende meiner Wanderung das Ziel: »Ich möchte mit einem Buch mein Wissen und meine Erfahrungen mit Menschen teilen.« Sie halten es in Ihren Händen.

Bilanz ziehen – ehrlich sein.

»Nach dem Spiel ist vor dem Spiel.« In diesem Sinne nehme ich mir eine Woche vor Weihnachten die Zeit und schreibe einen Jahresrückblick. Aus Prinzip wehre ich in der Zeit vor den Feiertagen alle Termine – gleich welcher Art – ab und blocke im Terminkalender die gesamte Woche als »Aufräumen und Zeit für die Tanja«. Vielleicht denken Sie jetzt: »Das geht vielleicht

bei anderen! Bei mir persönlich kann das nicht funktionieren!«
Meine Antwort für Sie: »Kommt darauf an, was mir Ihre Formel D · Z · U dazu sagen würde.«

Seit 2010 schreibe ich Jahresrückblicke. Sie schenken mir nochmals das komplette Jahr. Auch wenn es Phasen gab, die nicht so schön waren, entdecke ich die Stellen, an welchen es wieder bergauf ging und gut wurde. Und die schönen Momente erst! Diese darf ich dann noch mal erleben. Und so treffen meine beiden Männer mich, wenn sie ihren Kopf in mein Büro stecken, manchmal tränenüberströmt oder auch herzhaft lachend an. Ganz besonders wertvoll sind die Momente, an denen ich sagen kann: Zu diesem Zeitpunkt hast du eines deiner Jahresziele erreicht. Was für ein Gefühl, wenn es zum Beispiel schon im August passiert ist! Deutlich vor der angestrebten Zeit.

»Wo ist das Jahr nur geblieben?« Seitdem ich mich – statistisch gesehen – in der Mitte meines Lebens befinde, erhalte ich jedes Jahr die Antwort auf diese Frage durch meine Jahresrückblicke. Meine Familie und alle meine näheren Freunde erhalten den Rückblick als Brief gemeinsam mit einem leckeren Tee. Das ist mein Weihnachtsgeschenk für sie. Mein persönlicher Dank für die Verbundenheit. Meine Eltern freuen sich sehr darauf. Und mein Bruder, glaube ich, auch. Anerkennung und Wertschätzung durch die Familie ist einer der wichtigsten Motivatoren im Leben. Egal, wie chaotisch die Beziehung im Alltag sonst ist.

Manche Reaktion auf meinen Weihnachtsbrief stimmt mich aber auch traurig. »Der ist aber lang! Wie viele Monate muss ich einplanen, um ihn zu lesen?« Eigentlich müsste ich bei einer dieser Aussagen sofort anfangen, meine Gefühle zu verbalisieren. Utilisation der Gefühle. »Das macht mich traurig, dass du das sagst.« Aber auch ich schaffe es nicht immer, meine Gefühle zu nutzen. Stattdessen druckse ich herum und sage: »Das Jahr ist tatsächlich lang! Es hat 365 Tage, von denen wir uns deutlich weniger als fünf Prozent gesehen haben!« Lachen. Mein Lachen jedoch ist nicht ganz ehrlich gemeint. Und so nehme ich mir vor, im kommenden Jahr dieser Person ein leeres Blatt in den Briefumschlag zu stecken. Diese Gedanken tun gut. Ein bisschen Pack und Gesindel steckt in jedem von uns. Und wissen Sie was? Im nächsten Jahr wird die betreffende Person wieder einen kompletten Brief bekommen. Was mich trägt und mich mit dazu bringt, mir für meine Jahresbilanz weiterhin Zeit zu nehmen, sind nämlich die schönen Reaktionen. Ich freue mich riesig, wenn ich im Vorfeld bei den Empfängern sogar eine diebische Vorfreude verspüre. Eine Freundin schrieb mir per WhatsApp: »Er ist daaaaaaaaa! Sehnsüchtig erwartet! Heute Morgen habe ich ihn aus dem Briefkasten geangelt. Ich werde ihn aber nicht gleich lesen, sondern aufbewahren und am zweiten Weihnachtsfeiertag mit einer schönen Tasse Tee genießen.« In diesen Momenten geht mir das Herz auf und ich fühle mich liebevoll angenommen. So wie ich bin, ohne mich verstellen zu müssen.

In der statistischen Mitte meines Lebens habe ich begonnen, die Jahresrückblicke zu schreiben, seitdem klingt für mich das Jahr zufrieden aus. Ich weiß, was ich alles geschafft habe. Keine seltsamen Gedanken wie: »Wo ist das Jahr nur geblieben? Die Zeit läuft mir davon!« Und ich werde mich immer stolz daran erinnern, dass das Jahr 2015 das Jahr war, an welchem ich anfing, Dudelsack zu spielen. Was ist Ihr Dudelsack und wann beginnen Sie, ihn zu singen?

Anhang

GUT GEKLEIDET – GUT GERÜSTET. WIE DER DUDELSACK BESSER WIRKEN KANN.

Gut gekleidet.

Eindrucksvoll sehen sie aus. Die Bagpiper in ihrer Highland-Tracht. Sie machen etwas her und lassen nicht nur die Damenherzen höherschlagen. Ein ganzes Volk liebt und lebt diese Kultur. Wie unpassend wäre es, wenn die Piper nur mit Jeans, in Turnschuhen und weißem Hemd bekleidet den Dudelsack spielen würden. Es braucht schon dieses besondere Setting, erst dann wirkt es authentisch. Was gehört aber alles zur Highland-Tracht eines Dudelsackspielers und wie heißen die einzelnen Bestandteile?

1 Das Bonnet – die Kopfbedeckung.
Die Kopfbedeckung des Kiltträgers ist das Bonnet. Hier unterscheidet man das sogenannte Glengarry, das an ein Schiffchen erinnert, und das Balmoral, eine Art Baskenmütze. Bei beiden ist oben ein roter Bommel. Viele Piper tragen an ihrer Kopfbedeckung ein Clan- oder Bandabzeichen, die sogenannten Cap Badges.

2 Das Kilt-Jacket.
Es ist kein Muss, ein Jacket zu tragen. Man kann sich aber als Daumenregel merken: Immer wenn man auch im normalen Leben eine Anzugjacke tragen würde, gehört zum Kilt ein Jacket dazu. Das Kilt-Jacket ist viel kürzer als normale Sakkos. Die Argyll-Jacke gehört zur Alltagsuniform von Pipern.

3 Der Kilt.
Das wichtigste Detail der Bekleidung ist der Kilt, im Deutschen auch Schottenrock genannt. Er ist traditionell den Männern vorbehalten. Frauen tragen sogenannte »Kilted Skirts«. Der Kilt ist ein aus Wolle gewebter Wickelrock, der aufwendig gefaltet wird und dem Träger bis zur Oberkante des Knies reicht. Beim Knien darf er niemals den Boden berühren. Auch wenn der Kilt in touristischen Hochburgen inflationär angeboten wird, ist es wichtig, zu wissen, dass der Kilt kein Kostüm ist. Er ist ein Kleidungsstück und wird voller Stolz zu den unterschiedlichsten Anlässen getragen. Die Falten des Kilts werden stets hinten getragen. Wenn die Falten rechts beginnen sollten, handelt es sich um einen Damen-Kilt.

Auf dem Kilt wird ein breiter Gürtel getragen, der den Übergang zwischen Hemd und Kilt verdeckt. Verpönt ist das Anbringen von Gürtelschlaufen, um das Verrutschen des Gürtels zu verhindern. Wenn der Kilt richtig gefaltet ist, rutscht nichts. Es gibt übrigens zwei Hauptarten, den Kilt zu falten. Beim sogenannten Military Style – auch »pleating to the stripes« genannt – wird der Stoff so gefaltet, dass auf jeder Falte der vertikale Streifen des jeweiligen Tartanmusters zu sehen ist. Die militärische Faltung findet sich hauptsächlich in Pipebands. Die andere Möglichkeit ist, dass der Stoff so gefaltet wird, dass auf der Rückseite dasselbe Muster des Tartanstoffes zu sehen ist wie auf der ungefalteten Vorderseite. Diese Faltung heißt »pleating to the sett«.

Typisch für den Kilt ist das Karomuster, Tartan genannt. Die eindeutige Zuordnung von Tartans zu einzelnen Clans begann erst im 16. Jahrhundert. Das »Scottish Register of Tartans« ist die offizielle schottische Meldebehörde, bei welcher man sein Muster zur Registrierung anmelden kann. Schätzungsweise gibt es derzeit weltweit über 3500 Tartans mit weit über 7000 Varianten.

4 Der Sporran.
Ein Kilt hat keine Taschen. Wohin also mit dem ganzen Kleinkram, der sich üblicherweise in den Hosentaschen der Männer ansammelt? Hierfür gibt es den sogenannten Sporran. Er ist quasi die Handtasche der schottischen Männer. Er ist aus Leder und wird an einer langen Kette auf der Vorderseite des Kilts getragen. Ausgenommen davon sind die Trommler einer Pipeband. Trommel und Sporran können nicht gleichzeitig mittig getragen werden.

5 Das Sgian Dubh – das Strumpfbandmesser.
Zur echten Highlander-Tracht gehört auch das Sgian Dubh, ein kleiner schwarzer Dolch, den man rechts im Strumpf trägt. Nach der verlorenen Schlacht von Culloden war es den Schotten nicht nur verboten, ihre Hochlandbekleidung zu tragen. Auch das Tragen jeglicher Art von Waffen wurde ihnen untersagt. Ein kleiner Dolch konnte jedoch gut versteckt und heimlich (schwarz) getragen werden. Jeder Highland-Bewohner wusste, dass der andere ein kleines verstecktes Messer bei sich trug. Und so zog man als Gast bei einem Besuch sein Messer aus dem Versteck hervor und steckte es als Zeichen der Freundschaft offen in seinen Strumpf.

6 Die Ghillie Brogues – die Kiltschuhe.
Jeder schwarze Schuh, der zu einem Anzug getragen werden könnte, kann auch zu einem Kilt getragen werden. Ein spezieller Schuhstil für den schottischen Kiltträger ist der sogenannte Ghillie Brogues. Bei diesem Lederschuh kreuzen sich die überlangen Schnürsenkel mehrmals über dem offenen Spann und werden um den Knöchel gebunden. Die Schuhe gehen übrigens in ihrem Ursprung auf die Hirten in Schottland und auch Irland zurück. Diese bohrten sich Löcher in ihre Schuhe, um eingedrungenes Wasser wieder abfließen lassen zu können. Jeder, der einmal in Schottland war, weiß, wie sumpfig-nass der Boden dort in großen Teilen ist. Gleichsam geschickt: Die Löcher unterstützten auch die schnellere Trocknung. Zum Military Full Dress werden übrigens weiße Gamaschen über den Schuhen getragen.

7 Die Kiltstrümpfe und die -strumpfbänder.
Haben Sie jemals einen Kiltträger mit Tennissocken gesehen? Wenn ja, war das ein Tourist. Zum Kilt gehören nämlich robuste Kniebundstrümpfe, die bis unters Knie gezogen, umgeschlagen und dann mit einem Strumpfband unter dem umgeschlagenen Teil festgehalten werden. Am Strumpfband selbst befinden sich zwei Stoffstreifen, die an den Außenseiten des Beines unter dem umgeschlagenen Strumpfteil hervorschauen.

8 Das Plaid – die Schulterdecke.
Auch das Plaid ist fester Bestandteil der traditionellen schottischen Hochlandbekleidung. Es besteht normalerweise aus dem gleichen Stoff wie der Kilt. Ähnlich wie beim Binden von Krawatten kann man auch beim Anbringen des Plaids vieles falsch machen. So muss zum Beispiel ein großer Dudelsackspieler mehr Stoff nehmen als ein kleiner. Das Plaid darf nämlich an der Rückseite weder zu lang noch zu kurz sein. Wenn es richtig getragen wird, so hört der Stoff genau am Rand der Gamaschen auf. Die Fransen hängen darüber hinaus. In der Regel wird das Fly Plaid über die Schulter geworfen und vorne am Kilt-Jacket mit einer Brosche befestigt. Wesentlich aufwendiger als das Fly Plaid ist das sogenannte Piper Plaid. Dieses wird traditionell zum Military Full Dress getragen. Es ist so genäht, dass es um die Brust des Trägers gewickelt werden kann.

Eine echte Herausforderung zum Anziehen ist der sogenannte Gürtelplaid – der Vorgänger des Kilts. Er wurde schon vor vielen Jahrhunderten getragen. Da es keine historischen Aufzeichnungen dazu gibt, wie er anzuziehen ist, braucht es viel Geschick und Übung. So viel sei angedeutet: Zuerst legt man den Gürtel auf den Boden, dann den Plaid daraufliegen und falten und zum Schluss sich selbst. Dann wird der Gürtel geschlossen und der Träger kann sich erheben. Im besten Fall sieht das gut aus. Im schlechtesten Fall fängt der Träger noch mal von vorne an.

Gut gerüstet.

Was für den Bagpiper seine Highland-Bekleidung ist, sind für den Berater seine Interventionen. Was gibt es Erfolgversprechenderes, als für sein Veränderungsvorhaben gut gerüstet zu sein? Anders als beim Dresscode eines Dudelsackspielers haben Sie allerdings hier die Qual der Wahl. Es gibt so viele psychologische Methoden, wie es Schafe in Schottland gibt. Über die Jahre meiner beruflichen Tätigkeit haben sich für mich meine Lieblingsmethoden herauskristallisiert, die ich immer wieder einsetze. Je nach Kunde modifiziere ich sie und manchmal probiere ich auch für mich komplett neue Methoden aus. Damit Sie gut für Ihr Veränderungsvorhaben gerüstet sind, habe ich eine »Grundbekleidung« kraft- und wirkungsvoller Methoden für Sie zusammengestellt. Bedienen Sie sich, probieren Sie aus und nutzen Sie die, die Sie ansprechen und Sie in Ihrem Veränderungsvorhaben auch tatsächlich unterstützen und weiterbringen.

1. Der Zollstock – Zeit für Veränderung.

Wenn Sie auf vier Elemente eines aufgeklappten Zollstocks schauen, dann können Sie auf der einen Seite die 0 und auf der gegenüberliegenden Seite die Zahl 82 ablesen. So alt werden Frauen in Deutschland durchschnittlich. Männer leider nur 78. Legen Sie bitte Ihren Zeigefinger auf Ihre Alterszahl und lassen

Sie ihn dort liegen. Und jetzt gibt es eine Vielzahl von Möglichkeiten, gute Fragen zu stellen, um einerseits eine Bilanz für sich zu ziehen und andererseits ein Gefühl für die (noch) zur Verfügung stehende Zeit zu bekommen.

Nachfolgend ein paar Fragemöglichkeiten für einen Blick zurück:

Wie viel Zeit ist schon vergangen?

Was haben Sie in Ihrem Leben schon alles erlebt?

Von wann bis wann gingen Sie in die Schule?

Wann waren die Schlüsselmomente, wie zum Beispiel der erste Job, die große Liebe, Hochzeit, Geburt der Kinder et cetera?

Welche besonders schönen Momente gab es bis heute und wann waren diese auf der Zeitachse?

Welche Ereignisse und Phasen waren für Sie besonders schlimm? Wie sind Sie damit umgegangen? Wann wurde es wieder besser? Was hat geholfen?

Gibt es einen Veränderungswunsch, den Sie schon sehr lange in sich tragen? Seit wann?

Wollen Sie in Zukunft so weiterleben wie bisher?

Und nun der Blick nach vorne, in die Zukunft:

Wie viel liegt noch vor Ihnen?

Was wird noch geschehen?

Was möchten Sie, was noch geschehen soll?

Welche Dinge wollen Sie noch während Ihrer aktiven Berufszeit anpacken? Welche haben Zeit bis zur Rente?

Wenn Sie eines Tages sterben werden, welche Dinge würden Sie bereuen, in Ihrem Leben nicht getan zu haben?

Und, und, und …

2. Die Psychologie der Veränderung – Veränderung verstehen.

Machen Sie sich die wenigen, aber wesentlichen psychologischen Grundaspekte bewusst und setzen Sie diese in Bezug zu Ihrem Status quo in Ihrem Veränderungsvorhaben.

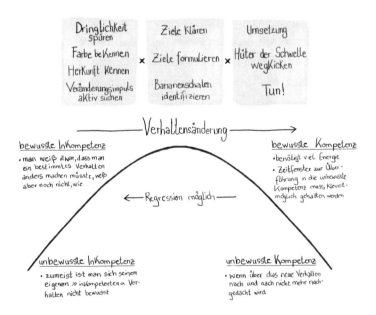

3. Utilisation der Gefühle – Gefühle nutzbar machen.

Viel Ehrlichkeit und Fingerspitzengefühl sind notwendig, wenn man die eigenen Gefühle, Empfindungen und Wahrnehmungen für den Veränderungsprozess nutzen möchte. Ehrlichkeit, wenn wir selbst als Person im Fokus der Aufmerksamkeit stehen; Ehrlichkeit und Fingerspitzengefühl, wenn es um das Veränderungsvorhaben einer anderen Person geht. Der Lösungsansatz dieser Methode besteht darin, ein Gefühl wahrzunehmen, es zu verbalisieren und für den weiteren Veränderungsprozess zu nutzen.

Beispiel: »Wenn ich ehrlich bin, spüre ich Skepsis, ob das wirklich so klappt, wie ich es mir zurechtgelegt habe …«

Wenn Sie das Gefühl der Skepsis an die Oberfläche transportiert haben, können Sie es wie folgt nutzen: »Wie beeinflusst diese Skepsis mich in meinem Veränderungsvorhaben und was kann ich tun, um dieses Gefühl zu meinem Verbündeten zu machen und positiv für mich zu nutzen?«

Bei Skepsis könnte eine positive Nutzung des Gefühls beispielsweise sein, dass Sie nochmals einen Schritt im Vorhaben zurückgehen und sich fragen: »Ist mein Ziel wirklich realistisch oder will mich das Gefühl der Skepsis davor warnen, dass es zu hoch ist und ich dieser Bananenschale nicht genügend Beachtung geschenkt habe?« Oder: »Welche Person aus meinem Veränderungskarussell wäre ein guter Unterstützer, der mir Mut macht, mit mir über meine Skepsis spricht und darüber hinweghilft?«

Jedes Veränderungsvorhaben hat emotionale Begleiter. Positive wie negative. Hoffnung, Hoffnungslosigkeit, Vorfreude, Skepsis, Vorbehalte, Angst, Langeweile, Vorfreude, Ärger, Zorn,

Neugier, Mut, Zuversicht … All diese Gefühle beziehungsweise Gefühlszustände können Sie wertvoll für sich nutzen, indem Sie diese aktiv in Ihr Veränderungsvorhaben einbringen. Utilisation der Gefühle: In sich hineinspüren, Gefühl wahrnehmen, Gefühl aussprechen, Gefühl nutzen. Mit ein bisschen Übung bekommen Sie das rasch hin!

4. Wozu oder warum? – Zukunft oder Vergangenheit?
Wenn Sie eine Veränderung anstreben und ein Ziel formulieren, fragen Sie nicht nur nach dem »Warum«, sondern vor allem auch nach dem »Wozu«.

Ein »Warum« schaut in der Regel in die Vergangenheit und gibt Einblicke in die Ursachen. Die Weg-von-Motivation. Nutzen Sie hier die sogenannte »5-Why-Fragetechnik«. Das bedeutet: Nicht nur einmal nach dem »Warum« fragen, sondern insgesamt fünfmal. Sie stellen eine Warum-Frage und geben sich eine Antwort. Dann stellen Sie zu dieser Antwort wieder eine Warum-Frage und erhalten eine neue Antwort. Wenn Sie insgesamt fünfmal »Warum?« gefragt und immer ehrlich geantwortet haben, sind Sie der Ursache und dem, von was oder wem Sie weg möchten, relativ nahe.

Die Wozu-Frage richtet den Blick auf die Zukunft und gibt Einblicke in die Hin-zu-Motivation. Oder anders gesagt: »Wo will ich hin?« Wenden Sie hier die »5-Wozu-Fragetechnik« an. Die gibt es zwar so offiziell nicht, aber dann haben wir sie jetzt gemeinsam erfunden. Stellen Sie analog dem Vorgehen bei den 5-Why-Fragen insgesamt fünfmal die Wozu-Frage. Eine klare, nebellose Landschaft müsste vor Ihnen erscheinen.

5. Skalierungsfragen.

Skalierungsfragen können Sie quasi bei jeder Gelegenheit und jedem Wetter anziehen, sprich an jeder Stelle des Veränderungsprozesses. Sie benennen ein Thema und setzen dieses Thema in Bezug zu einer Skala. Beispiel: Auf einer Skala von 0 (überhaupt nicht) bis 10 (absolut):

Wie zufrieden sind Sie mit Ihrem derzeitigen Leben?

Worin unterscheidet sich diese Position von einer Position mit einer geringeren Einschätzung?

Mit welcher Einschätzung wäre ich zufrieden?

Was müsste ich tun, um mich dahin zu entwickeln?

Welche Einschätzung würde mein bester Freund für mich abgeben? Welche mein größter Skeptiker?

Gut, wenn die Einschätzungen gleich sind, wenn sie jedoch auseinanderliegen: Woher kommt die Diskrepanz?

Und, und, und …

6. Bananenschalen identifizieren, markieren und Umgang festlegen.

Welche inneren und äußeren Bananenschalen gibt es auf Ihrem Veränderungsweg?

Welche gibt es im Vorfeld zur Veränderung?

Wer oder was könnte sie während des Prozesses gefährden?

Welche gelben Gefahren gibt es, wenn Sie angekommen sind? Ihr Ziel erreicht haben?

Überlegen Sie sich im Vorfeld zu Ihrem Vorhaben, um welche es sich handeln könnte und wie Sie mit ihnen umgehen werden. Vielleicht können Sie auch die eine oder andere Bananenschale zu Ihrem Verbündeten machen. Ganz nach dem Motto »Weniger ist mehr« schreiben Sie die wichtigsten auf eine Karte und platzieren diese als Erinnerungsanker an entsprechender Stelle. Nicht vergessen: Überlegen Sie sich eine Strategie für die Bananenschale »Rückfall«.

7. Was würde mein bester Freund dazu sagen?

Oft ist es hilfreich, sich in die Perspektive einer anderen Person zu versetzen und von deren Sicht aus die eigene Lage einzuschätzen. Ob das der beste Freund, Lebenspartner, der größte Skeptiker oder der Chef ist – da gibt es viele Möglichkeiten. Diese Methode können Sie an vielen Stellen Ihres Veränderungsprozesses einsetzen. Zum Beispiel bei der Ehrlichkeit – Ihr größter Skeptiker wird Ihnen sicherlich ins Gesicht sagen, wie er die Situation einschätzt. Oder in Sachen »blinder Fleck« – die Personen, die Ihnen nahestehen, wissen viel über Sie und können eine gute Einschätzung abgeben. Die Person kann, muss aber nicht im Raum sein. Es genügt schon, sie sich vorzustellen.

8. Das Veränderungskarussell.

Mit der Methode des Veränderungskarussells bekommen Sie Klarheit, wer oder was auf welche Art und Weise Ihnen in Ihrem Veränderungsprozess zur Bananenschale werden kann. Gleichzeitig können Sie Verbündete identifizieren beziehungsweise eher gefahrvolle Beteiligte zu solchen ernennen.

Sie können das Veränderungskarussell zwar mit Notizzetteln durchführen, sehr viel effektiver ist es jedoch, wenn Sie Spielfiguren benutzen und so der Situation eine Dreidimensionalität verleihen. Als Spielfiguren können Sie alles Mögliche verwenden. Die Küche passt in der Regel als Umgebung, und ein paar Brettspiele haben Sie vielleicht noch zu Hause.

Benennen Sie alle Personen, die auf irgendeine Weise von Ihrem Veränderungsvorhaben betroffen sind, schreiben Sie die Namen auf kleine Karten und weisen Sie ihnen je eine Spielfigur zu. Vergessen Sie nicht, auch zwei herausfordernde Situationen zu benennen und sich selbst als Akteur ein Symbol für alle inneren Bananenschalen eine Spielfigur zu geben.

Schreiben Sie Ihren Namen mit Ihrem Veränderungswunsch auf eine Karte und legen Sie diese in die Mitte. Stellen Sie eine weitere, Ihnen sympathische Figur symbolisch für Sie in die Mitte. Und dann beginnen Sie Ihr Veränderungskarussell. Stellen Sie alle Beteiligten im Kreis um Ihre Figur auf und beginnen Sie bei der Person auf der Zwölf-Uhr-Position. Nun gilt es, gute Fragen zu stellen. Wie könntest du mich in meinem Vorhaben zu Fall bringen? Wie könntest du mich darin unterstützen, dass ich erfolgreich sein werde? Was brauche ich sonst noch von dir, damit es klappt? Schreiben Sie die Antworten in Stichpunkten auf ein Blatt Papier und legen Sie es hinter die jeweilige Person. Wenn Sie sich selbst ein »So weit« sagen können, rücken Sie vor zur nächsten Person oder Situation. Das geht so lange, bis Sie einmal reihum sind. In einer zweiten Karussellrunde überprüfen Sie alles auf Stimmigkeit und lesen noch mal alles laut vor. Wenn Sie erkennen sollten, dass es Kräfte im Karussell gibt, die in entgegengesetzte Richtungen an Ihnen zerren, benennen Sie diese Situation.

9. Danken und Abschied nehmen.

Nehmen Sie bewusst Abschied und danken Sie dem, was Sie zurücklassen werden. Es gab eine Zeit, da war alles sinnvoll und gut. Verabschieden Sie sich mit den Worten: »Ich bin bereit, loszulassen!«

Highlander! Es kann nur eine geben ...

Vielleicht haben Sie ja gedacht, dass mein Markenname »Die Tanja Köhler®« extra für dieses Buch entwickelt wurde. Da muss ich Sie leider enttäuschen. Es wäre vermessen von mir, in Highlander-Manier zu sagen: Es kann nur eine geben!

Meine Marke entstand in meiner Zeit im Ruhrgebiet. Erinnern Sie sich, dass ich gerne Anerkennung und Respekt von den Menschen bekomme? Als Schwäbin im Ruhrgebiet konnte ich mich nur schwer damit anfreunden, dass man dort – wenn man über jemanden spricht – häufig nur den Nachnamen benutzt. »Die Köhler« kam für mich einer großen Abwertung gleich. Und so habe ich heimlich in jeglichen Schriftverkehr meinen Vornamen hineingeschummelt und mich mit den Worten verabschiedet: Die Tanja Köhler!

DANKE buchstabiert man nicht, DANKE fühlt man!

Als mein Sohn Mika vier Jahre alt war, stürzte er im Garten meiner Eltern. Die Knie waren blutig und der kleine Mann weinte bitterlich. Oma und Opa umsorgten ihn liebevoll. So, wie es eben nur Omas und Opas können. Einige Tage später wollte er sich bei ihnen mit einem selbst gemalten Bild bedanken. Er fragte mich: »Mama!? Wie buchstabiert man DANKE?« Ich überlegte kurz und antwortete ihm: »DANKE buchstabiert man nicht, DANKE fühlt man!«

Ein liebevolles DANKE für meinen Sohn Mika und meinen Mann Achim dafür, dass ihr meine Unruhe mittragt und meine Leidenschaft für den Dudelsack teilt. Wir sind ein großartiges Team! Egal ob im Alltag oder in unseren Lieblingsdestinationen Südtirol und Schottland!

Ein liebevolles DANKE für meine Eltern Ingrid und Hansi Köhler. Ich habe so viel Gutes von euch für mein Leben mitbekommen. Auch deswegen stehe ich da, wo ich heute bin. Es tut mir leid, dass ich euch damals, als ich mit 13 Jahren von zu Hause abgehauen bin, so ziemlich die schlimmsten Ängste zugefügt habe, die man Eltern nur zufügen kann. Heute weiß ich, dass es Teil meiner im Buch beschriebenen inneren Unruhe war.

Ein liebevolles DANKE für meine Freundin und Beraterkollegin Sabine Merkel. Du warst die Erste, die mein Buch zu lesen bekam und mir ein ehrliches Feedback gab. Bürde oder Ehre? Ich denke: ein klassisches Sowohl-als-auch! Und Punkt!

Ein gälisches DANKE für meinen Dudelsacklehrer Jan Belak und den Inhaber der Dudelsack-Akademie Thomas Zöller für die Geduld mit mir und die spannenden Hintergrundgespräche über das Wesen des Dudelsacks. Taing bhom chridhe dhuibh! (Gälisch: Ich danke euch von Herzen!)

Zuletzt auch ein liebevolles DANKE für meine Oma: »Auch wenn du vermutlich zu deinen Lebzeiten auch an diesem Buch höchstwahrscheinlich ein Haar in der Suppe gefunden hättest, so wärst du doch mit deinem Drei-Gang-Fahrrad durch die gesamte Gegend gefahren, um stolz allen davon zu berichten.«

DANKE!

»Kirsten Schubert ist das Kunststück gelungen, über die wohl härtesten Jahre ihres Lebens ein sehr persönliches Buch zu schreiben, das weder anklagend noch larmoyant ist, sondern trotz aller Emotionen klug und reflektiert.«

Harvard Business Manager

Kirsten Schubert:
Plötzlich und unerwartet.
Der steinige Weg der Erben und Unternehmensnachfolger
Hardcover mit Schutzumschlag, 240 Seiten
€ 30,00 (D) / € 30,90 (A) / sFr 39,90
ISBN 978-3-86774-466-9

E-Book: € 20,99 (D)
ISBN 978-3-86774-480-5

Dieses Buch beginnt mit einem Schock. Kirsten Schuberts Vater, ein bekannter Familienunternehmer, stirbt. Von einem Tag auf den anderen ist nichts mehr so, wie es war. Es beginnt eine Odyssee durch die Untiefen von Erbschafts- und Nachfolgeregelung in Unternehmen. Mit glücklichem Ausgang.
Die Autorin hat sich jahrelang intensiv mit allen Nuancen nicht nur ihres eigenen Schicksals, sondern auch mit der großen Bandbreite ähnlicher Fälle beschäftigt.
Herausgekommen ist ein ungewöhnliches Buch, das die verborgenen Seiten jenseits juristischer und rein betriebswirtschaftlicher Aspekte offenlegt. Es geht um die Dynamik der Emotionen, die oft wichtiger sind als die Sachebene.

Weitere Publikationen, E-Books und mehr unter
www.murmann-publishers.de